U0954901

高职会计专业项目化课程改革系列教材

总主编　陈　丽

会计综合实训

主　编　王　峰　董胜囡　公　华

副主编　邱玉霞　杨　璐　袁东霞

立信会计出版社

LIXIN ACCOUNTING PUBLISHING HOUSE

图书在版编目(CIP)数据

会计综合实训 / 王峰,董胜囡,公华主编. —上海：立信会计出版社，2018.12

高职会计专业项目化课程改革系列教材

ISBN 978-7-5429-6003-0

Ⅰ.①会… Ⅱ.①王… ②董… ③公… Ⅲ.①会计学—高等职业教育—教材 Ⅳ.①F230

中国版本图书馆 CIP 数据核字(2018)第 281776 号

策划编辑 余 榕
责任编辑 余 榕
封面设计 南房间

会计综合实训

出版发行	立信会计出版社		
地　　址	上海市中山西路 2230 号	邮政编码	200235
电　　话	(021)64411389	传　　真	(021)64411325
网　　址	www.lixinaph.com	电子邮箱	lixinaph2019@126.com
网上书店	http://lixin.jd.com		http://lxkjcbs.tmall.com
经　　销	各地新华书店		
印　　刷	浙江临安曙光印务有限公司		
开　　本	787 毫米×1092 毫米	1/16	
印　　张	14	插　　页	1
字　　数	249 千字		
版　　次	2018 年 12 月第 1 版		
印　　次	2018 年 12 月第 1 次		
印　　数	1—3100		
书　　号	ISBN 978-7-5429-6003-0/F		
定　　价	32.00 元		

如有印订差错，请与本社联系调换

高职会计专业项目化课程改革系列教材

编 委 会

GENERAL PREFACE 总　序

2014年5月,国务院颁布《关于加快发展现代职业教育的决定》,要求高职院校要密切产学研合作,培养服务区域发展的技术技能人才。因此,高职会计专业应当以培养高端技术技能型人才为目标。这就要求会计专业教学在兼顾会计基本原理的基础上,注重学生会计实务操作能力的培养,同时加强学生会计基本技能的训练。教材在会计教学中起着至关重要的作用,优秀实用的教材不仅能够帮助教师进行课程教学设计和实施,而且能够指导学生课前预习、课中自学和课后训练,最终实现上述教学目标。基于此,我们组织行业企业专家及专业骨干教师编写了本系列教材。

本系列教材以"能力导向、项目(任务)载体、素养贯穿、课证结合"作为整体设计理念并确定基本框架和结构,是进行项目导向、任务驱动等"教学做"一体的教学模式改革的阶段性成果,也是校企深度合作的成果体现。本系列教材具有以下特色:

一是在内容设计上,突出了学生实务操作能力的培养,同时兼顾学生考证的需要。从内容上看,本系列教材提供了大量企业经营中涉及的原始凭证,帮助学生在进入工作岗位时能直接根据原始凭证识别经济业务,避免了教学中过多使用文字叙述经济业务的弊端;明确区分了会计的日常业务和期末业务内容,使学生对会计工作的日常处理和期末处理能够有较为完整的理解;通过内容对接和习题训练,将课程教学与学生会计从业资格考试和会计专业技术资格考试密切结合。

二是在结构设计上,将学生职业素养的培养贯穿始终。从结构上看,本系列教材根据会计岗位任职要求设计了若干项目和任务,每个任务以“任务布置”作为引导，后面进一步为学生完成任务提供“知识链接”。值得一提的是，本系列教材在每个任务下为每个教学单元设计了子任务。课前，学生通过自学知识链接分组完成每个单元的子任务；课上，学生展示任务成果并与教师和其他同学讨论，再由教师进行点评和知识要点总结；课后，学生通过完成教材提供的对应实训项目进一步巩固知识和能力。总之，上述设计方便教师采用“教学做”的教学模式开展教学，使学生在训练会计实务操作能力的同时，提升计算机办公软件应用能力、团队协作能力、交流能力、表达能力等职业素养。

本系列教材作为校本教材，已在山东外贸职业学院会计专业和会计电算化专业2011级、2012级和2013级学生中使用。本系列教材在使用过程中不断地征询学生、相关授课老师和校外行业企业专家的意见和建议，每次课程结束时都对学生进行问卷调查，并根据他们提出的意见和建议进行了多次修改。

本系列教材理论与实务相结合，习题、实训及其答案、ppt课件一应俱全，能够充分满足高职学生提升操作能力和学习知识的需要。因此，授课教师普遍反映本系列教材是课程教学的好帮手；学生也喜欢使用本系列教材上课，可以大幅度提高学习效率和效果，毕业后也能迅速适应会计岗位工作。

本系列教材的出版得到了立信会计出版社的大力支持，特别是有余榕编辑的大力协助才促使本系列教材得以顺利出版，在此致以衷心的谢意。

本系列教材所做的探索是初步的，由于编者水平有限，教材中难免有考虑不周甚至错误之处，敬请读者批评指正。

编委会

2018年12月

FOREWORD 前　言

教学改革，教材先行。为了践行《教育部关于加强高职高专教育人才培养工作的意见》（教高〔2000〕2号）文件精神，推动教育教学改革朝着"以培养职业能力为中心，理论与实践并重"的方向发展，按照突出应用性、实践性的原则，立足于企业会计核算岗位的需求和专业实践教学目标，我们与合作企业专家共同开发了这本能够体现职业教育特色的《会计综合实训》教材。本教材是会计专业项目化教学改革的阶段性成果（该成果于2018年荣获山东省省级教学成果一等奖），以培养会计人员在出纳业务实训、会计手工实训和会计信息化实训等方面的综合操作能力为目标，适用于职业院校会计相关专业的师生和在中小企业各会计岗位工作的初级会计人员。在本教材的编写过程中，我们力求使其体现如下特点：

（1）先进性。本教材以我国发布的最新具体会计准则和《企业会计制度》为依据，密切关注我国会计改革的新动向，尽量吸收国内、外会计实践的最新研究成果，努力反映现代企业会计核算的要求。

（2）全面性。本教材主要取材于一家纺织企业采购、生产、销售的实际业务，编者根据其大量的会计核算资料进行分析、筛选、补充编写而成，使之既源于实践，又超越实践。

（3）实用性。学生在完成会计相关专业骨干课程的学习后，借助本教材设计的实训任务来完成出纳岗位、会计核算岗位的实务操作训练，既能熟练掌握手工建账、填制和审核原始凭证、编制记账凭证、登记账簿、编制会计报表等整个会计处理的实际操作技能，又能具备操作会计信息化软件的水平，达到事半功倍的效果。

（4）实战性。本教材的业务内容取材于真实企业的真实经济业务，实战性较强。在编写过程中，编者对重要业务所依据的相关理论知识和法律、法规做出了提示，便于学生更好地将理论、实践和法规融会贯通。

本教材的主要内容包括以下四个项目：

项目一为会计岗位认知，旨在帮助会计相关专业的在校学生一方面熟悉实际工作中会计岗位的设置；另一方面熟悉不同会计岗位的基本操作技能所依据的会计基础理论知识，全面、系统地认知会计核算岗位的工作职责。

项目二为出纳岗位实训，包括出纳岗位概述、出纳业务实训和常见票据填写方式三部分内容，旨在指导学生一方面熟练填写支票、汇票、进账单、贴现凭证和电子转账单等票据的填写；另一方面熟悉出纳岗位业务处理流程和会计处理方法，通过实训任务的全方位训练，独立承担出纳岗位的工作。

项目三为会计手工实训，包括公司基本财务信息、基本业务及要求、业务原始凭证三部分内容，为学生提供会计手工账实训的背景资料，并提出实战要求，旨在训练学生完成手工建账、填制和审核原始凭证、编制记账凭证、登记账簿、编制会计报表这一整个会计手工账处理流程。

项目四为会计信息化实训，基于项目二的背景资料，设有创建账套、设置基础档案、总账管理系统初始设置、固定资产模块期初设置及与总账对账、账务处理、期末业务处理六部分内容，旨在引导学生进行完整的会计信息化操作。

本教材由王峰、董胜囡、公华任主编，邱玉霞、杨璐、袁东霞任副主编，其他参编人员有唐智昊、梁舒静。

由于编者水平有限，本教材在内容和结构上难免有不足之处，敬请同行学者批评指正。

党的二十大精神进课堂

编　者

2018年12月

CONTENTS 目　录

项目一

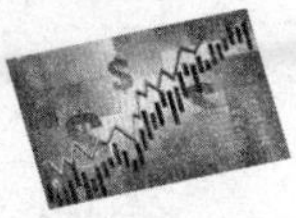

会计岗位认知

知识目标

1. 了解会计各岗位的基本分工与职能。
2. 掌握出纳岗位的基本概念和要求。

能力目标

1. 能够熟悉现金清查的基本规定。
2. 能够将现金清查的基本规定应用于工作。

素质目标

1. 具备诚实守信的良好品质，能够恪守出纳实务操作中的各项要求和规章制度。
2. 具备足够的沟通能力，可以在业务实践中及时与各方协作，顺利完成账务处理的流程。

随着社会的不断发展和国内经济的日益进步，企业对于财务的需求越来越高，同时会计制度也在不断地完善发展中，这些情况都对会计人才提出了更高的要求。企业的规模不同，会计人才所从事的业务分类也越来越细，本教材主要就常见的几大类会计岗位进行介绍，会计人才在实际就业过程中会由于企业需求和用人岗位的不同，部分岗位的职责和业务范围可能出现重叠的现象。以下就是常见的 5 种会计岗位。

一、出纳岗位

出纳岗位是企业最基础的会计类岗位，出纳人员的工作就是企业日常的现金收付和银行结算业务，在业务处理过程中，出纳人员要严格遵守我国的现金使用规定，不得超过使用限额。在日常工作中，出纳人员一方面应根据当日的业务进行盘点并且在现金日记账和银行存款日记账上进行登记，满足账实相符、账账相符等原则；另一方面应根据企业要求进行现金存取业务和正确使用相关票据。不少企业的出纳人员同时还负担着公章和各种有价证券的保管工作，不可以在未经许可的情况下随意支配和使用这些东西。虽然出纳岗位是整个企业中最基础的会计岗位，从事的也是最基本的业务处理工作，但是万丈高楼平地起，企业各方面数据的汇总、核算、分析、预测和制定决策都是从出纳岗位提供的基础数据整理开始的，这个简单的岗位肩负着并不简单的责任，本章会在后文中进一步阐述出纳岗位的相关职能和常见的业务处理方式。

二、会计核算岗位

会计人员是财务部门中的中坚位置，首先，在业务方面，要负责财务的收发和使用，及时结算企业和客户、供应商间的债权债务关系。其次，在账务方面，一方面从出纳人员那里接受相关原始凭证，根据原始凭证进行审核并填制会计凭证，之后对其进行汇总和装订，再填制会计账簿，根据企业的实际运营情况，定期编制会计报表；另一方面要定期进行纳税申报，进行汇算清缴，年度终了时装订会计账簿，对会计报表也要汇总管理，并将其装订成册，负责管理会计档案并保证其真实性。

三、成本岗位

成本核算岗位在不少企业中占有重要位置，这个岗位的主要职责是根据企业的财务数据选择适当的成本核算方法来尽可能精确地计算成本，然后上报企业领导进行相关计划的审核，成本计划通过后要根据企业实际的情况来进行严格的核算，精准地计算出材料、人工以及各项费用的消耗情况，再根据核算的结果编制对应的明细账。另外，这个岗位还同时具有监督和考核成本计划的工作，每年要根据上年的数据来进行成本分析，预测成本的变化方向，不断制定和修正成本核算方法，提出切实可行的办法来降低企业的生产成本。

四、审计岗位

企业内审计岗位的工作与社会上会计师事务所的工作有所不同，内部审计的监管主要侧重于具体审计程序的制定和实施，针对企业发生的业务（如签订的工程合同、销售合同等）要根据内容在实施过程中进行定期或不定期的审查，对制订的财务计划也要加以监督，针对企业各项工作（如财务收支、经营成果、领导离职、违法行为等）进行监督和审计，定期对本部门人员进行审计相关知识培训并指导其按时开展审计工作，保证完成的质量。

五、财务主管岗位

企业的财务主管是财务部门的主要负责人，这个岗位的职责是从整体上进一步管理整个财务部门的运作进而促进企业的健康发展，除了常规的会计规章制度的制定、实施外，员工工资薪金的核算发放和本部门的员工考核等都是财务主管需要负责的问题。除此之外，财务主管根据企业的需求还会进行财务分析来协助企业制定政策，编制营运相关的计划，编列预算，在企业管理层和政府各种监管部门间根据不同要求定期汇报相关财务、税务文件。

项目二

出纳岗位实训

知识目标

1. 掌握支票、汇票和贴现单据的常见样式和填写要求。

能力目标

1. 能够熟练填制常见的银行类单据。

素质目标

1. 具备诚实守信的良好品质，能够恪守出纳实务操作中的各项要求和规章制度。

2. 具备足够的沟通能力，可以在业务实践中及时与各方协作，顺利完成账务处理的流程。

一、出纳岗位概述

（一）出纳人员的现金业务

1. 货币资金收支的核算

出纳核算工作主要包括货币资金收支业务的办理和货币资金收支业务的核算。货币资金收支业务的办理包括：现金收支、银行存款结算业务的办理，库存现金、各种有价证券、支票、结算凭证、空白收据和有关印章的保管等。货币资金收支业务的核算包括：现金、银行存款收付记账凭证的编制，现金日记账和银行存款日记账的登记，发票领用登记簿、空白转账支票登记簿和备查账簿的登记，银行存款余额调节表的编制等。

2. 货币资金收支的监督

为了保证货币资金收支的规范、安全，出纳人员必须依据国家有关的法律、法规和企业的规章制度，对每一笔货币资金的收支进行严格审查，坚决抵制不合法的收支和弄虚作假的行为，保护单位的经济利益不受侵害。出纳人员的工作要做到钱账分离，根据现金使用注意事项按照《中华人民共和国会计法》的规定，出纳人员不得兼管稽核、会计档案保管和收入、费用、债权、债务账目的登记工作，每日的资金使用要遵循日清月结的原则，保证每日的账目和实际的现金收支相对应。

3. 现金使用的有关规定

依据《中华人民共和国现金管理暂行条例》,开户单位可以在下列范围内使用现金:

(1) 职工工资、津贴。

(2) 个人劳务报酬。

(3) 根据国家规定颁发给个人的科学技术、文化艺术、体育等各种奖金。

(4) 各种劳保、福利费用以及国家规定的对个人的其他支出。

(5) 向个人收购农副产品和其他物资的价款。

(6) 出差人员必须随身携带的差旅费。

(7) 结算起点以下的零星支出。

(8) 中国人民银行确定需要支付现金的其他支出。

现金的结算起点定为1 000元。结算起点的调整,由中国人民银行确定,报国务院备案。同时,按照规定,企业可保持一定数量的库存现金。库存现金的限额是指企业根据日常开支的现金量提出计划,报开户银行审查,由开户银行根据企业的实际需要和企业距离银行远近情况核定的库存现金的最高限度。其限额一般按照企业3～5天内的日常零星支出所需要现金确定;远离银行或交通不便的企业,可以根据企业不超过15天的日常支出来核定。企业不得坐支现金。

4. 现金清查

现金清查主要包含定期清查和不定期清查。出纳人员通过实地盘点法来将现金数目和账面核对,在清查过程中要注意有无白条抵库的情况发生,然后根据结果填写"现金清查盘点报告表",并由清查人员、会计主管和出纳人员签章。"现金清查盘点报告表"兼有盘存单和账存实存对比表的作用,是反映现金实有数和调整账簿记录的重要依据。

(二) 出纳人员的银行业务

1. 根据需求开设各种银行账户

银行账户包括基本存款账户、一般存款账户、专用存款账户和临时存款账户。根据国家要求,企业只允许开设一个基本存款账户,基本存款账户具备常见的款项存取功能。相对来说,一般存款账户只能存不能取。专用存款账户主要涉及针对专门业务的款项。临时存款账户往往用于异地业务,同样具备存取功能,但是有时间限制。

2. 填写相关票据

需填写的相关票据有支票、银行汇票、商业汇票等。

3. 定期清查银行存款

出纳人员定期清查银行存款,主要是通过调整企业银行存款日记账和银行对账单来处理未达账项问题的。

二、出纳业务实训

(一) 公司基本资料

公司名称:北京清洁光电有限公司

社会信用代码:91110000600039818G

地址、电话:北京市海淀区群芳路194号　010-63846234

基本存款账户、账号:交通银行北京海淀支行　110002049052486215586

一般存款账户、账号:中国建设银行北京海淀支行 6217002356487219639

住房公积金账户、账号:交通银行北京海淀支行 110002045290192658269

工资账户、账号:交通银行北京海淀支行 110002045290192216836

总经理:王国伟

公司在银行的预留印鉴:财务专用章+法定代表人章

(二) 公司会计工作组织及分工

公司单独设置财会部门,划分为会计主管、审核会计、成本会计、出纳四个工作岗位,具体分工如下:

卢光荣(会计主管):领导和组织公司会计核算工作;建立账套、凭证的审核、过账及结账,网上电子支付业务的审核授权,虚拟网上报税、纳税筹划、报表编制(包括资产负债表、利润表部分指标重新定义公式)及报表分析等;组织会计档案的整理和保管;组织财产清查等。

陈巧玲(审核会计):票据审核,填制除成本核算以外的原始凭证,编制除成本业务以外的记账凭证,凭证审核,账簿核对,负责保管发票专用章及财务专用章等。

李飞(成本会计):进行产品成本核算,编制成本计算原始凭证,编制产品成本业务记账凭证,编制成本报表,进行成本分析等。

韩红梅(出纳):支票签发,银行承兑汇票贴现,单据整理,网上电子支付业务,涉及收、付款记账凭证审核;保管库存现金、有价证券及法人代表名章;配合清查人员进行库存现金、银行存款清查等。

(三) 公司核算方法及制度

(1) 公司以人民币为记账本位币(核算中金额计算保留至分位),记账文字为中文,会计核算采用科目汇总表账务处理程序。

(2) 公司为增值税一般纳税人,销售商品的增值税税率为13%;公司当期取得的增值税专用发票,按照现行增值税制度规定当期准予抵扣的,均已认证且于当期一次性抵扣。公司适用的城市维护建设税税率为7%,教育费附加征收率为3%,地方教育费附加征收率为2%;公司车船税、房产税和土地使用税均按规定计算交纳。公司按规定代扣代缴个人所得税。公司适用的企业所得税税率为25%,并假设这一税率适用于未来可预见的期间,公司不享受其他税收优惠政策;企业所得税的核算采用资产负债表债务法(假定不考虑除上述税费以外的其他税费)。

(3) 公司原材料采用计划成本计价法组织日常核算,材料成本差异率为综合差异率,材料成本差异率计算保留百分号前2位小数;周转材料、库存商品采用实际成本计价法组织日常核算;发出周转材料、库存商品采用全月一次加权平均法计价。原材料入库业务,于月末根据“收料单”编制“收料凭证汇总表”,并据以进行原材料入库业务的总分类核算;原材料发出业务,于月末根据“领料单”编制“发出材料汇总表”“生产车间领用材料分配表”,并据以进行原材料出库业务的总分类核算;在计算过程中,如无特殊说明,金额均保留小数点后2位。

(4) 坏账损失的核算。公司应收账款坏账准备采用账龄分析法估计,其他应收及预付款项不计提坏账准备。不同账龄应收账款计提坏账准备的比例:未到期为0,逾期1~90天为2%,逾期91~270天为4%,逾期271~360天为6%,逾期361~540天为10%,逾期541~720天为12%,逾期720天以上为15%。

(5) 公司固定资产折旧和无形资产摊销采用年限平均法;固定资产折旧方法和无形资产

摊销方法与税法规定一致；固定资产预计净残值率为 4%，无形资产无净残值。

(6) 公司按有关规定计算交纳社会保险费和住房公积金；基本社会保险及住房公积金以上一年度职工月平均工资为计提基数，计提比例如下：基本养老保险为 27%(其中，企业承担 19%，个人承担 8%)；医疗保险为 12%(其中，企业承担 10%，个人承担 2%，另每月个人需交纳大额互助基金 3 元)；失业保险为 1%(其中，企业承担 0.8%，个人承担 0.2%)；工伤保险为 0.2%(全部由企业承担)；生育保险为 0.8%(全部由企业承担)；住房公积金为 24%(其中，企业承担 12%，个人承担 12%)；公司由个人承担的社会保险费、住房公积金在交纳时直接从“应付职工薪酬——短期薪酬(工资)”明细账户中冲销，不通过“其他应付款”账户进行核算；个人所得税由公司代扣代交，通过“应交税费”账户进行核算。

(7) 公司职工福利费和职工教育经费不预提，按实际发生金额列支；工会经费按应付工资总额的 2%比例计提，工会经费按月划拨给工会专户。

(8) 公司根据有关规定，每年按当年净利润(扣减以前年度未弥补亏损后)的 10%计提法定盈余公积，不计提任意盈余公积。

(9) 公司采用品种法计算产品成本，成本项目为直接材料、直接人工和制造费用。本月发生的直接材料如属于多种产品共同耗用，以各产品材料定额消耗量为标准，在各产品之间进行分配；本月发生的直接人工和制造费用按实际生产工时在各产品之间进行分配。生产费用在月末在产品和完工产品之间的分配采用约当产量法，原材料在第一道工序开始一次投入，直接人工和制造费用的完工程度分工序按定额生产工时计算，月末在产品在本工序的完工程度均为 50%。

(10) 公司专设独立销售机构。

(11) 公司所在地具有活跃的房地产市场，房地产公允价值能够可靠地计量，投资性房地产后续计量采用公允价值计量模式。

(12) 未列明的其他会计事项，公司根据现行《企业会计准则》的相关规定处理。

(13) 会计分录中涉及的明细账户以系统内置为准，其中“财务费用”账户涉及利息收入只能在贷方记账，不能以负数表示。

(四) 具体出纳业务

北京清洁光电有限公司 2019 年 5 月发生如下经济业务：

【业务 2-1】 1 日，从泰州中来光电科技有限公司购入原材料，款未付。相关单据见图 2-1和图 2-2。

收 料 单

供应单位：泰州中来光电科技有限公司　　　　编号：sl030101

材料类别：原材料　　2019 年 05 月 01 日　　收料仓库：原材料仓

材料编号	材料名称	规 格	计量单位	数 量		实际价格				计划价格	
				应 收	实 收	单 价	材料金额	运杂费	合 计	单 价	金 额
101	单晶硅电池片		片	250 800	250 000						
102	多晶硅电池片		片	281 000	280 000						
备注：											

会计联

部门经理：林青锋　　质量检验员：陈朝阳　　仓库：李俭　　经办人：张达发

图 2-1　收料单

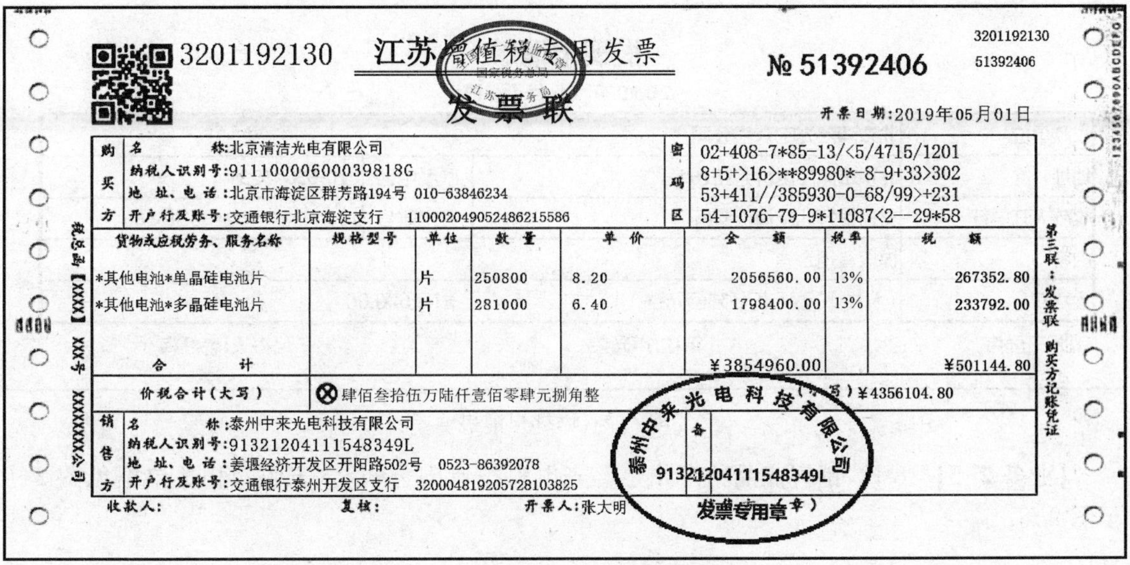
3201192130 江苏增值税专用发票 № 51392406
3201192130
51392406
发票联
开票日期：2019年05月01日

购买方	名称：北京清洁光电有限公司 纳税人识别号：91110000600039818G 地址、电话：北京市海淀区群芳路194号 010-63846234 开户行及账号：交通银行北京海淀支行 110002049052486215586				密码区	02+408-7*85-13/<5/4715/1201 8+5+>16>**89980*-8-9+33>302 53+411//385930-0-68/99>+231 54-1076-79-9*11087<2--29*58		
货物或应税劳务、服务名称	规格型号	单位	数量	单价	金额	税率	税额	
*其他电池*单晶硅电池片		片	250800	8.20	2056560.00	13%	267352.80	
*其他电池*多晶硅电池片		片	281000	6.40	1798400.00	13%	233792.00	
合计					¥3854960.00		¥501144.80	
价税合计（大写）	⊗肆佰叁拾伍万陆仟壹佰零肆元捌角整				（小写）¥4356104.80			
销售方	名称：泰州中来光电科技有限公司 纳税人识别号：91321204111548349L 地址、电话：姜堰经济开发区开阳路502号 0523-86392078 开户行及账号：交通银行泰州开发区支行 320004819205728103825				备注	91321204111548349L		

收款人：　复核：　开票人：张大明　销售方：（章）

税总函［XXXX］XXX号 XXXXXXX公司
第三联：发票联 购买方记账凭证

图 2-2　增值税专用发票

【业务 2-2】　4 日，提现备用，签发现金支票（密码：2964-1881-3067-9143）。相关单据见图 2-3 至图 2-5。

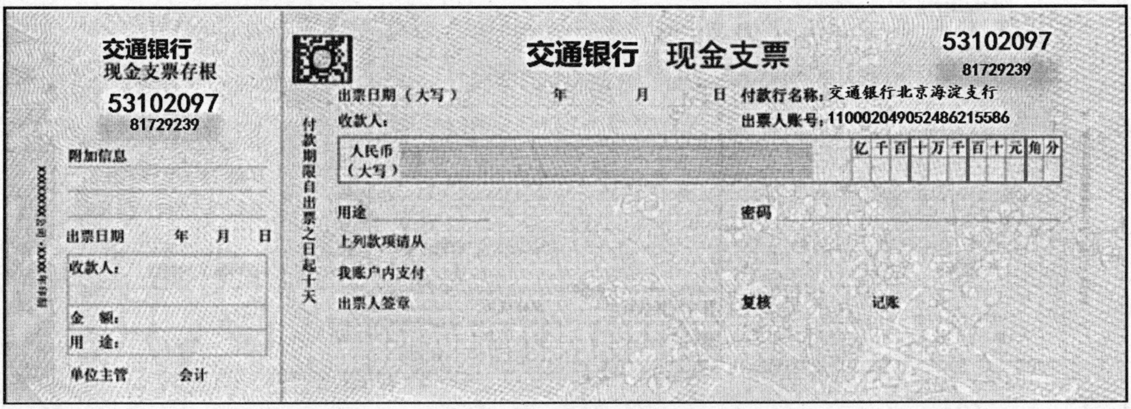
交通银行
现金支票存根
53102097
81729239
附加信息
出票日期　年　月　日
收款人：
金　额：
用　途：
单位主管　会计

交通银行　现金支票
53102097
81729239
出票日期（大写）　年　月　日　付款行名称：交通银行北京海淀支行
收款人：　出票人账号：110002049052486215586
人民币（大写）　亿 千 百 十 万 千 百 十 元 角 分
付款期限自出票之日起十天
用途　密码
上列款项请从
我账户内支付
出票人签章　复核　记账

图 2-3　现金支票（正面）

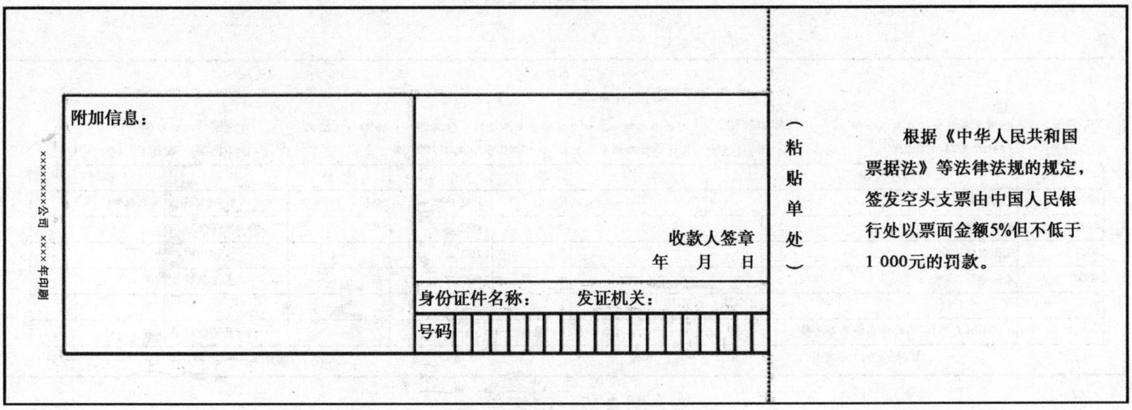
附加信息：
收款人签章
年　月　日
身份证件名称：　发证机关：
号码
（粘贴单处）
根据《中华人民共和国票据法》等法律法规的规定，签发空头支票由中国人民银行处以票面金额5%但不低于1 000元的罚款。

图 2-4　现金支票（反面）

提现申请单

2019 年 05 月 04 日

收款单位	北京清洁光电有限公司		
地址	北京市海淀区群芳路194号	联系电话	010-63846234
收款人开户行	交通银行北京海淀支行	开户账号	110002049052486215586
内容	提取备用金		
大写	(人民币)壹万伍仟陆佰元整	¥15 600.00	

审批:王国伟　　审核:卢光荣　　经办人:韩红梅

图 2-5　提现申请单

【业务 2-3】 8 日,销售商品给郑州惠普光电科技有限公司,款未收。相关单据见图 2-6 至图 2-8。

1101191130　　**北京增值税专用发票**　　№ 48311860　　1101191130　48311860

此联不作报销、扣税凭证使用　　开票日期:2019年05月08日

购买方	名　　称:郑州惠普光电科技有限公司 纳税人识别号:91410100MA44XQH23P 地 址、电 话:河南省郑州市航空港区豫发蓝山公馆三楼303号　0550-3112246 开户行及账号:交通银行郑州空港支行 4110000285564531192754	密码区	02+408-7*85-13/<5/47-5-500- 8+5+>16>**89980*-8-9+33434/ 53+411//385930-0-685999+231 54-1076-79-9*11087<2--29*5/

货物或应税劳务、服务名称	规格型号	单位	数量	单价	金额	税率	税额
*其他电池*光伏组件290W		件	500	1200.00	600000.00	13%	78000.00
*其他电池*光伏组件340W		件	400	1400.00	560000.00	13%	72800.00
*其他电池*光伏组件280W		件	500	1100.00	550000.00	13%	71500.00
*其他电池*光伏组件330W		件	400	1300.00	520000.00	13%	67600.00
合　　计					¥2230000.00		¥289900.00
价税合计(大写)	⊗贰佰伍拾壹万玖仟玖佰元整				(小写)¥2519900.00		

销售方	名　　称:北京清洁光电有限公司 纳税人识别号:91110000600039818G 地 址、电 话:北京市海淀区群芳路194号 010-63846234 开户行及账号:交通银行北京海淀支行　110002049052486215586	备注	

收款人:　　复核:　　开票人:陈巧玲　　销售方:(章)

第一联:记账联　销售方记账凭证

税总函【XXXX】XXX号　XXXXXXX公司

图 2-6　增值税专用合同

销 售 单

购货单位:郑州惠普光电科技有限公司　地址和电话:河南省郑州市航空港区豫发蓝山公馆三楼303号　0550-3112246　单据编号:xs1903001

纳税识别号:91410100MA44XQH23P　开户行及账号:交通银行郑州空港支行 4110000285564531192754　制单日期:2019.05.08

编码	产品名称	规格	单位	单价	数量	金额	备注
A001	光伏组件290W		件	1200.00	500	600000.00	不含税价
A002	光伏组件340W		件	1400.00	400	560000.00	
A003	光伏组件280W		件	1100.00	500	550000.00	
A004	光伏组件330W		件	1300.00	400	520000.00	
合 计	人民币(大写):贰佰贰拾叁万元整				—	¥2230000.00	

销售经理:陈雪婷　　经手人:李俭　　会计:陈巧玲　　签收人:高昆玉

会计联

图 2-7　销售单

购销合同

购方：郑州惠普光电科技有限公司　　合同编号：gxhe019805

销方：北京清洁光电有限公司　　签订时间：2019年05月02日

供需双方本着互利互惠、长期合作的原则，根据《中华人民共和国合同法》及双方的实际情况，就需方向供方采购事宜，订立本合同，以使双方在合同履行中共同遵守。

一、产品名称、数量、单价、金额：

产品名称	规格型号	计量单位	数量	单价	金额	备注
光伏组件290W		件	500	1200.00	600000.00	不含税价
光伏组件340W		件	400	1400.00	560000.00	
光伏组件280W		件	500	1100.00	550000.00	
光伏组件330W		件	400	1300.00	520000.00	
合计					¥2230000.00	
合计人民币（大写）：贰佰贰拾叁万元整						

二、质量要求技术标准：供方对质量负责的条件和期限：按合同企业标准。

三、交（提）货地点、方式：河南省郑州市航空港区豫发蓝山公馆三楼303号。

四、付款时间与付款方式：自收到货后，一个月内支付货款。

五、运输方式及到站、港和费用负担：由购货方承担。

六、合理损耗及计算方法：以实际数量验收。

七、包装标准、包装物的供应与回收：普通包装，不回收包装物。

八、验收标准、方法及提出异议期限：货到需方七天内提出质量异议，不包括运输过程中造成的质量问题。

九、违约责任：按《合同法》。

十、解决合同纠纷的方式：双方协商解决。

十一、其他约定事项：本合同一式两份，需、供双方各一份，经双方盖章后即生效。

购方（盖章）：郑州惠普光电科技有限公司
单位地址：河南省郑州市航空港区豫发蓝山公馆三楼
电　话：0550-3110246
签订日期：2019年05月02日
开户银行：交通银行郑州空港支行
账　号：4110000285564531192754

燕严印阳

销方（盖章）：北京清洁光电有限公司
单位地址：北京市海淀区群芳路194号
电　话：010-63846234
签订日期：2019年05月02日
开户银行：交通银行北京海淀支行
账号：1100020490524862155 86

伟王印国

图 2-8　购销合同

【业务 2-4】　9 日，报销差旅费。相关单据见图 2-9 至图 2-13。

差旅费报销单

2019 年 05 月 09 日 单据及附件共 4 张

所属部门				管理部	姓名 王国伟	出差事由	走访市场	
出发		到达		起止地点	交通费	住宿费	伙食费	其他
月	日	月	日					
03	05	03	05	北京-上海	1 310.00			
03	05	03	09			848.00	400.00	3000.00（招待）
03	09	03	09	上海-北京	1 310.00			
								现金收讫
合计	大写金额：陆仟捌佰陆拾捌元整			¥6868.00	预支旅费	¥8 000.00	退回金额	¥1 132.00
							补付金额	

总经理：王国伟 财务经理：卢光荣 会计：陈巧玲 出纳：韩红梅 部门经理： 报销人：王国伟

图 2-9 差旅费报销单

航空运输电子客票行程单

ITINERARY/RECEIPT OF E-TICKET FOR AIR TRANSPORT

印刷序号：SERIAL NUMBER:4819205781 8

旅客姓名 NAME OF PASSENGER	有效身份证件号码 ID.NO.	签注 ENDORSEMENTS/RESTRICTIONS (CARBON)
王国伟	110105196702312538	不得转签

	承运人 CARRIER	航班号 FLIGHT	座位等级 CLASS	日期 DATE	时间 TIME	客票级别/客票类别 FARE BASIS	客票生效日期 NOTVALID BEFORE	有效截止日期 NOTVALID AFTER	免费行李 ALLOW
自 FROM 北京	TY	MU4129	B	05MAR	1055	Y			20KG
至 TO 上海									
至 TO									
至 TO									
至 TO	票价 FARE CNY1210.00		机场建设费 AIRPORT TAX CNY50.00		燃油附加费 FUEL SURCHARGE CNY50.00	其他税费 OTHER TAXES	合计 TOTAL CNY1310.00		

电子客票号码 E-TICKETNO. 4719372890164 验证码 CK. 7128 提示信息 INFORMATION 保险费 INSURANCE

销售单位代号 AGENTCODE. FU01382947885 填开单位 ISSUEDBY 北京捷达航空服务有限公司 填开日期 DATE OF ISSUE 2019-05-05

验真网址：WWW.TRAVELSKY.COM 服务热线：400-815-8888 短信验真：发送JP至10669018

付款凭证 RECEIPT 手写无效 INVALID IN HANDWRITING

图 2-10 航空运输电子客票行程单(1)

航空运输电子客票行程单

ITINERARY/RECEIPT OF E-TICKET FOR AIR TRANSPORT

印刷序号：SERIAL NUMBER:6619202651 5

旅客姓名 NAME OF PASSENGER	有效身份证件号码 ID.NO.	签注 ENDORSEMENTS/RESTRICTIONS (CARBON)
王国伟	110105196702312538	不得转签

	承运人 CARRIER	航班号 FLIGHT	座位等级 CLASS	日期 DATE	时间 TIME	客票级别/客票类别 FARE BASIS	客票生效日期 NOTVALID BEFORE	有效截止日期 NOTVALID AFTER	免费行李 ALLOW
自 FROM 上海	TY	MU4129	B	09MAR	1510	Y			20KG
至 TO 北京									
至 TO									
至 TO									
至 TO	票价 FARE CNY1210.00		机场建设费 AIRPORT TAX CNY50.00		燃油附加费 FUEL SURCHARGE CNY50.00	其他税费 OTHER TAXES	合计 TOTAL CNY1310.00		

电子客票号码 E-TICKETNO. 4719372891059 验证码 CK. 7128 提示信息 INFORMATION 保险费 INSURANCE

销售单位代号 AGENTCODE. FU01381947192 填开单位 ISSUEDBY 上海捷达航空服务有限公司 填开日期 DATE OF ISSUE 2019-05-09

验真网址：WWW.TRAVELSKY.COM 服务热线：400-815-8888 短信验真：发送JP至10669018

付款凭证 RECEIPT 手写无效 INVALID IN HANDWRITING

图 2-11 航空运输电子客票行程单(2)

031011918204 **上海增值税专用发票** № 58129054

031011918204
58129054

发票联

校验码 24120 12631 49480 83110　　开票日期：2019年05月09日

购买方	名　　称：北京清洁光电有限公司 纳税人识别号：91110000600039818G 地 址、电 话：北京市海淀区群芳路194号 010-63846234 开户行及账号：交通银行北京海淀支行　1100020490524862155586	密码区	3-65745<19425<38442>>8-0481 75/3758<384003848*7>+>-2//2 >*8574563848*77-7<8*873/+<9 13-3211152-/>717<8*8742>>8-

货物或应税劳务、服务名称	规格型号	单位	数量	单价	金额	税率	税额
*餐饮服务*餐费		次	1	3207.55	3207.55	6%	192.45
合　　计					¥3207.55		¥192.45
价税合计（大写）	⊗叁仟肆佰元整				（小写）¥3400.00		

销售方	名　　称：上海南泉大酒店 纳税人识别号：913101052248025725 地 址、电 话：上海市浦东区南南泉路899号，02159902668 开户行及账号：交通银行上海浦东支行，31021286663627306153	备注	

收款人：　　复核：　　开票人：陈晓芝　　销售方：（章）

上海南泉大酒店 913101052248025725 发票专用章

税总函【XXXX】XXX号 XXXXXXX公司

第三联：发票联 购买方记账凭证

图 2-12　增值税普通发票(餐费)

3101195130 **上海增值税专用发票** № 00052239

3101195130
00052239

发票联

开票日期：2019年05月09日

购买方	名　　称：北京清洁光电有限公司 纳税人识别号：91110000600039818G 地 址、电 话：北京市海淀区群芳路194号 010-63846234 开户行及账号：交通银行北京海淀支行　110002049052486215586	密码区	02+408-7*85-13/<5/47-5-500- 8+5+>16>**89980*-8-9+33434/ 53+411//385930-0-685999+231 54-1076-79-9*11087<2--29*5/

货物或应税劳务、服务名称	规格型号	单位	数量	单价	金额	税率	税额
*住宿服务*住宿费		天	4	200.00	800.00	6%	48.00
合　　计					¥800.00		¥48.00
价税合计（大写）	⊗捌佰肆拾捌元整				（小写）¥848.00		

销售方	名　　称：上海南泉大酒店 纳税人识别号：913101052248025725 地 址、电 话：上海市浦东区南南泉路899号，02159902668 开户行及账号：交通银行上海浦东支行，31021286663627306153	备注	

收款人：　　复核：　　开票人：陈晓芝　　销售方：（章）

上海南泉大酒店 913101052248025725 发票专用章

税总函【XXXX】XXX号 XXXXXXX公司

第三联：发票联 购买方记账凭证

图 2-13　增值税专用发票(住宿费)

【业务 2-5】 11 日，用基本户申请银行汇票支付材料款。相关单据见图 2-14 至图 2-17。

交通银行 BANK OF COMMUNICATIONS

结算业务申请书 RMB SETTLEMENT APPLICATION FORM

AB 09773075

申请日期Date 年Y 月M 日D

业务类型Type of Business: 电汇 T/T □ 信汇 M/T □ 汇票申请书 D/D □ 本票申请书 P/N □ 其他 Other □

申请人 Applicant	全称 Full Name		收款人 Beneficiary	全称 Full Name	
	账号或地址 AC NO. Address			账号或地址 AC NO. Address	
	开户银行 A/C Bank			开户银行 A/C Bank	
金额 Amount	人民币（大写） RMB in Words				亿 千 百 十 万 千 百 十 元 角 分
上列相关款项请从我账户内支付： In Payment please Debit My Account No.（）:			支付密码 Payment Pin NO.		
			电汇时需选择： Please Tick Where Applicable 普通Regular □ 加急Urget □	附加信息及用途： Message and Purpose:	
申请人签章 Applicant's Authorized Signature(s) and/or Stamp(s)					

会计主管： 授权： 复核： 记账：

第一联 此联银行作记账凭证

A-029-3000-9-2006-深圳华印刷有限公司

图 2-14 银行汇票申请书（第一联）

交通银行 BANK OF COMMUNICATIONS

结算业务申请书 RMB SETTLEMENT APPLICATION FORM

AB 09773075

申请日期Date 年Y 月M 日D

业务类型Type of Business: 电汇 T/T □ 信汇 M/T □ 汇票申请书 D/D □ 本票申请书 P/N □ 其他 Other □

申请人 Applicant	全称 Full Name		收款人 Beneficiary	全称 Full Name	
	账号或地址 AC NO. Address			账号或地址 AC NO. Address	
	开户银行 A/C Bank			开户银行 A/C Bank	
金额 Amount	人民币（大写） RMB in Words				亿 千 百 十 万 千 百 十 元 角 分
款项已收入收款人账号。 Payment Being Credited to Beneficiary's Account.			支付密码 Payment Pin NO.		
			电汇时需选择： Please Tick Where Applicable 普通Regular □ 加急Urget □	附加信息及用途： Message and Purpose:	
银行签章 Bank's Authorized Signature(s) and/or Stamp(s)					

会计主管： 授权： 复核： 记账：

第二联 此联收款行记账凭证

A-029-3000-9-2006-深圳华印刷有限公司

图 2-15 银行汇票申请书（第二联）

交通银行 BANK OF COMMUNICATIONS

结算业务申请书 RMB SETTLEMENT APPLICATION FORM

AB 09773075

申请日期Date 年Y 月M 日D

业务类型Type of Business: 电汇 T/T □ 信汇 M/T □ 汇票申请书 D/D □ 本票申请书 P/N □ 其他 Other □

申请人 Applicant	全称 Full Name		收款人 Beneficiary	全称 Full Name	
	账号或地址 AC NO. Address			账号或地址 AC NO. Address	
	开户银行 A/C Bank			开户银行 A/C Bank	
金额 Amount	人民币（大写）RMB in Words		亿 千 百 十 万 千 百 十 元 角 分		
款项已收入收款人账号。Payment Being Credited to Beneficiary's Account.			支付密码 Payment Pin NO.	1620536295493396	
			电汇时需选择: Please Tick There Applicable 普通Regular □ 加急Urget □	附加信息及用途: Message and Purpose:	
银行签章 Bank's Authorized Signature(s) and/or Stamp(s)					

会计主管: 授权: 复核: 记账:

第三联 此联付款行给付款人的回单

A-025-3000-9-2006深圳光华印制有限公司

图 2-16 银行汇票申请书(第三联)

付款申请书

2019年05月11日

用途及情况	金额											收款单位(人): 泰州中来光电科技有限公司
支付材料款	亿	千	百	十	万	千	百	十	元	角	分	账 号: 32000481920572810382 5
			¥	4	6	7	6	0	0	0	0	开户行: 交通银行泰州开发区支行
金额（大写）合计:	人民币 肆佰陆拾柒万陆仟元整											结算方式: 转账

总经理	王国伟	财务部门	经 理	卢光荣	业务部门	经 理	
			会 计	陈巧玲		经 办 人	李艳红

图 2-17 付款申请书

【业务 2-6】 11日,支付广告费(根据付款申请书在系统内模拟完成银行电子转账支付业务,通过基本存款账户支付)。相关单据见图 2-18。

付款申请书

2019年05月11日

用途及情况	金额											收款单位(人): 北京祥鸿文化传媒有限公司
支付广告费	亿	千	百	十	万	千	百	十	元	角	分	账 号: 110001839582195012549
				¥	2	6	0	7	6	0	0	开户行: 交通银行北京丰台支行
金额（大写）合计:	人民币 贰万陆仟零柒拾陆元整											结算方式: 转账

总经理	王国伟	财务部门	经 理	卢光荣	业务部门	经 理	
			会 计	陈巧玲		经 办 人	李艳红

图 2-18 付款申请书

【业务 2-7】 12 日，支付培训费，签发转账支票（密码：2363-4158-3239-7285，出纳凭填写的转账支票和进账单，办理业务）。相关单据见图 2-19 至图 2-21。

交通银行
转账支票存根
30108020
00023334
附加信息
出票日期 年 月 日
收款人：
金 额：
用 途：
单位主管 会计

交通银行 转账支票 30108020 00023334
出票日期（大写） 年 月 日 付款行名称：交通银行北京海淀支行
收款人： 出票人账号：110002049052486215586
人民币（大写） 亿 千 百 十 万 千 百 十 元 角 分
付款期限自出票之日起十天
用途 密码
上列款项请从 行号
我账户内支付
出票人签章 复核 记账

图 2-19 转账支票(正面)

附加信息：	被背书人	被背书人
	背书人签章 年 月 日	背书人签章 年 月 日

（粘贴单处）

根据《中华人民共和国票据法》等法律法规的规定，签发空头支票由中国人民银行处以票面金额5%但不低于1 000元的罚款。

图 2-20 转账支票(反面)

付款申请书

2019年 05月 12日

用途及情况	金额											收款单位(人)：北京德尚培训中心
支付培训费	亿	千	百	十	万	千	百	十	元	角	分	账 号：110002069052876730708
					¥	5	7	6	6	4	0	开户行：交通银行北京朝阳支行
金额（大写）合计：	人民币 伍仟柒佰陆拾陆元肆角整											结算方式：转账

总经理	王国伟	财务部门	经 理	卢光荣	业务部门	经 理	
			会 计	陈巧玲		经 办 人	李艳红

图 2-21 付款申请书

【业务 2-8】 12 日，承[业务 2-7]，支付培训费，填制进账单。相关单据见图 2-22 至图 2-24。

交通银行 进账单 （回 单） 1

年 月 日

出票人	全 称		收款人	全 称	
	账 号			账 号	
	开户银行			开户银行	
金额	人民币（大写）				亿 千 百 十 万 千 百 十 元 角 分
票据种类		票据张数			
票据号码					
复核 记账			开户银行签章		

8.5×17.5公分 交 9 直角印刷 0512-6501866

此联是开户银行交给持票人的回单

图 2-22 进账单(回单)

交通银行 进账单 （贷方凭证） 2

年 月 日

出票人	全 称		收款人	全 称	
	账 号			账 号	
	开户银行			开户银行	
金额	人民币（大写）				亿 千 百 十 万 千 百 十 元 角 分
票据种类		票据张数			
票据号码					
备注：			复核： 记账：		

8.5×17.5公分 交 9 直角印刷 0512-6501866

此联由收款人开户银行作贷方凭证

图 2-23 进账单(贷方凭证)

交通银行 进账单 （收账通知） 3

年 月 日

出票人	全 称		收款人	全 称	
	账 号			账 号	
	开户银行			开户银行	
金额	人民币（大写）				亿 千 百 十 万 千 百 十 元 角 分
票据种类		票据张数			
票据号码					
复核 记账			收款人开户银行签章		

8.5×17.5公分 交 9 直角印刷 0512-6501866

此联是收款人开户银行交给收款人的收账通知

图 2-24 进账单(收账通知)

【业务 2-9】 18 日，办理银行承兑汇票贴现，根据背景资料填制贴现凭证（提示：异地结算期为 3 天）。相关单据见图 2-25 至图 2-31。

贴现凭证（代申请书） ①

填写日期 2019年 05 月 18 日　　　　第 58192584 号

贴现汇票	种类	银行承兑汇票	号码 10483027	申请人	名称	北京清洁光电有限公司	
	出票日	2018年 12 月 15 日			账号	110002049052486215586	
	到期日	2019年 06 月 15 日			开户银行	交通银行北京海淀支行	
汇票承兑人(或银行)	名称	交通银行武进开发区支行	账号		开户银行		
汇票金额（即贴现金额）	人民币（大写）	柒拾伍万元整				千百十万千百十元角分	7 5 0 0 0 0 0 0
贴现率每月	6%	贴现利息	千百十万千百十元角分	4 6 5 0 0 0	实付贴现金额	千百十万千百十元角分	7 4 5 3 5 0 0 0
兹根据《银行结算办法》的规定，附送承兑汇票贴现书，请审核。 北京清洁光电有限公司 财务专用章　王国伟印 交通银行北京海淀(贴现银行)支行　申请人盖章	银行审批	负责人　信贷员			科目(借)________ 对方科目(贷)________ 复核　记账		

此联银行作贴现借方凭证

图 2-25　贴现凭证（代申请书）

贴现凭证（贷方凭证） ②

填写日期 2019年 05 月 18 日　　　　第 58192584 号

贴现汇票	种类	银行承兑汇票	号码 10483027	申请人	名称	北京清洁光电有限公司	
	出票日	2018年 12 月 15 日			账号	110002049052486215586	
	到期日	2019年 06 月 15 日			开户银行	交通银行北京海淀支行	
汇票承兑人(或银行)	名称	交通银行武进开发区支行	账号		开户银行		
汇票金额（即贴现金额）	人民币（大写）	柒拾伍万元整				千百十万千百十元角分	7 5 0 0 0 0 0 0
贴现率每月	6%	贴现利息	千百十万千百十元角分	4 6 5 0 0 0	实付贴现金额	千百十万千百十元角分	7 4 5 3 5 0 0 0
备注：					科目(借)________ 对方科目(贷)________ 复核　记账		

此联银行作贴现申请人账户贷方凭证

图 2-26　贴现凭证（贷方凭证）

贴现凭证（贷方凭证）③

填写日期　2019年 05 月 18 日　　　　第 58192584 号

贴现汇票	种类	银行承兑汇票	号码	10483027	申请人	名称	北京清洁光电有限公司
	出票日	2018年 12 月 15 日				账号	110002049052486215586
	到期日	2019年 06 月 15 日				开户银行	交通银行北京海淀支行
汇票承兑人(或银行)	名称	交通银行武进开发区支行	账号		开户银行		
汇票金额(即贴现金额)	人民币(大写)	柒拾伍万元整				千百十万千百十元角分	7 5 0 0 0 0 0 0
贴现率每月	6%	贴现利息	千百十万千百十元角分	4 6 5 0 0 0	实付贴现金额	千百十万千百十元角分	7 4 5 3 5 0 0 0
备注：						科目(借)______ 对方科目(贷)______ 复核　记账	

此联银行作贴现利息贷方凭证

图 2-27　贴现凭证（贷方凭证）

贴现凭证（收款通知）④

填写日期　2019年 05 月 18 日　　　　第 58192584 号

贴现汇票	种类	银行承兑汇票	号码	10483027	申请人	名称	北京清洁光电有限公司
	出票日	2018年 12 月 15 日				账号	110002049052486215586
	到期日	2019年 06 月 15 日				开户银行	交通银行北京海淀支行
汇票承兑人(或银行)	名称	交通银行武进开发区支行	账号		开户银行		
汇票金额(即贴现金额)	人民币(大写)	柒拾伍万元整				千百十万千百十元角分	7 5 0 0 0 0 0 0
贴现率每月	6%	贴现利息	千百十万千百十元角分	4 6 5 0 0 0	实付贴现金额	千百十万千百十元角分	7 4 5 3 5 0 0 0
上述款项已入你单位账号 此致 贴现申请人　　银行盖章						科目(借)______ 对方科目(贷)______ 复核　记账	

此联银行给申请人的收款通知

图 2-28　贴现凭证（收款通知）

贴现凭证 （到期卡） ⑤

填写日期 2019年 05 月 18 日　　第 58192584 号

贴现汇票	种类	银行承兑汇票	号码 10483027	申请人	名称	北京清洁光电有限公司
	出票日	2018年 12 月 15 日			账号	110002049052486215586
	到期日	2019年 06 月 15 日			开户银行	交通银行北京海淀支行
汇票承兑人(或银行)	名称	交通银行武进开发区支行	账号		开户银行	
汇票金额（即贴现金额）	人民币（大写）	柒拾伍万元整			千百十万千百十元角分	7 5 0 0 0 0 0 0
贴现率每月	6%	贴现利息	千百十万千百十元角分: 4 6 5 0 0 0	实付贴现金额	千百十万千百十元角分	7 4 5 3 5 0 0 0
备注： 年 月 日					科目(借)________ 对方科目(贷)________ 复核 记账	

此联会计部门按到期日排列保存，到期日作贴现贷方凭证

图 2-29　贴现凭证（到期卡）

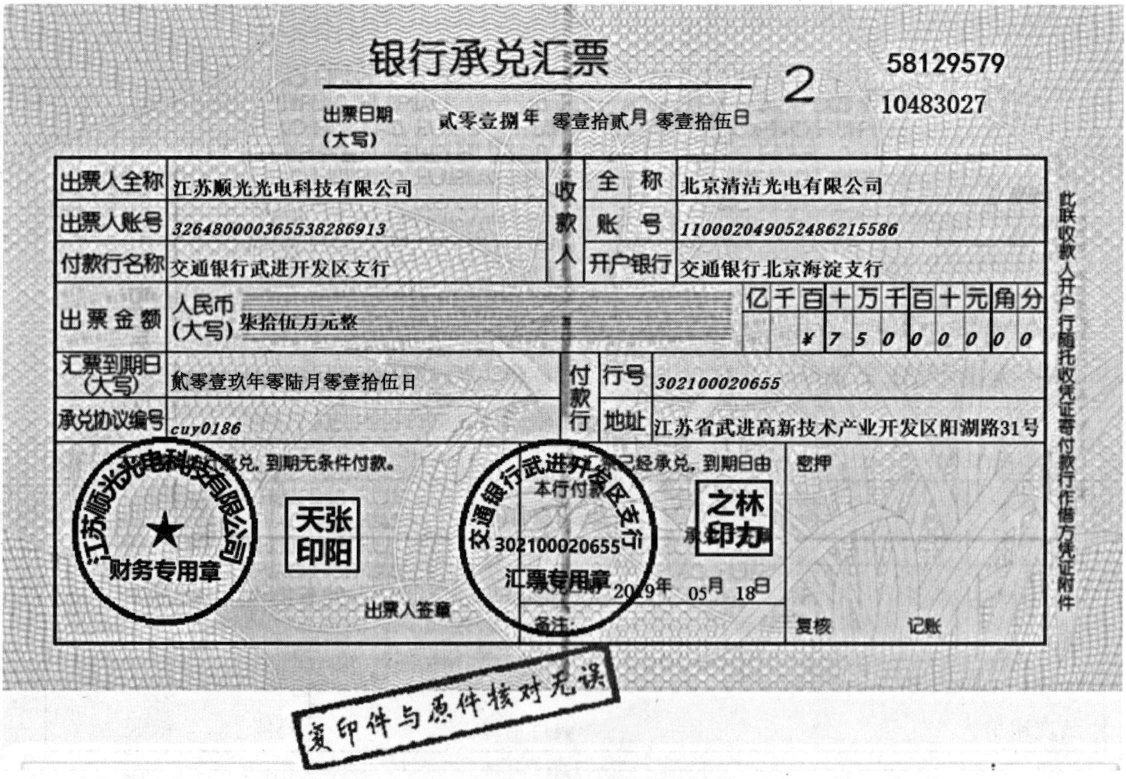
银行承兑汇票　2

58129579
10483027

出票日期（大写） 贰零壹捌年 零壹拾贰月 零壹拾伍日

出票人全称	江苏顺光光电科技有限公司	收款人	全称	北京清洁光电有限公司
出票人账号	326480000365538286913		账号	110002049052486215586
付款行名称	交通银行武进开发区支行		开户银行	交通银行北京海淀支行
出票金额	人民币（大写） 柒拾伍万元整		亿千百十万千百十元角分	¥ 7 5 0 0 0 0 0 0
汇票到期日（大写）	贰零壹玖年零陆月零壹拾伍日	付款行	行号	302100020655
承兑协议编号	cuy0186		地址	江苏省武进高新技术产业开发区阳湖路31号
本汇票请你行承兑，到期无条件付款。 江苏顺光光电科技有限公司 财务专用章 天张印阳 出票人签章		本汇票已经承兑，到期日由本行付款。 交通银行武进开发区支行 302100020655 汇票专用章 之林印力 承兑日期 2019年 05月 18日 备注：	密押	复核 记账

此联收款人开户行随托收凭证寄付款行作借方凭证附件

复印件与原件核对无误

图 2-30　银行承兑汇票（正面）

被背书人 交通银行北京海淀支行	被背书人	被背书人
北京清洁光电有限公司 财务专用章　伟王印国 背书人签章 2019 年 05 月 18 日	背书人签章 年　月　日	背书人签章 年　月　日

（粘贴单处）

图 2-31　银行承兑汇票(反面)

【业务 2-10】　15 日，拨缴上月工会经费。相关单据见图 2-32 至图 2-34。

交通银行
转账支票存根
30108020
00023337
附加信息

出票日期 2019年 05月 15日

收款人：北京清洁光电有限公司工会委员会	
金　额：¥4 654.64	
用　途：交纳工会经费	

单位主管　　会计

XXXXXXXX公司·XXXX年印制

图 2-32　转账支票存根

①

工会专用结算凭证（行政拨交工会经费缴款书）

缴款日期 2019年 05月 15日

付款单位	全称	北京清洁光电有限公司		收款单位		(1) 全称	北京清洁光电有限公司工会委员会	金额
	账号	110002049052486215586			比例60%	账号	110002045290192277602	万 千 百 十 元 角 分
	开户银行	交通银行北京海淀支行				开户银行	交通银行北京海淀支行	¥ 4 6 5 4 6 4
所属月份	02	职工人数	53			(2) 全称	北京市海淀区工会委员会	金额
上月职工工资总额	387 886.47	按2%计应缴交经费	7 757.73		比例40%	账号	11008888000025987108	万 千 百 十 元 角 分
迟交天数		按1%计应缴滞纳金				开户银行	交通银行北京海淀支行	
合计金额（人民币大写）肆仟陆佰伍拾肆元陆角肆分								十 万 千 百 十 元 角 分 ¥ 4 6 5 4 6 4
缴款单位章	北京清洁光电有限公司 财务专用章；伟王印国	工会委员会盖章	年 月 日	银行盖章	交通银行北京海淀支行 2019年05月15日 业务专用章		年 月 日	

此联交缴款单位作回单

图 2-33 工会专用结算凭证

交通银行电子缴税付款凭证

转账日期：2019 年 05 月 15 日　　凭证字号：18385920

纳税人全称及纳税人识别号：北京清洁光电有限公司91110000600039818G

付款人全称：北京清洁光电有限公司

付款人账号：110002049052486215586　　征收机关名称：国家税务总局北京市海淀区税务局

付款人开户银行：交通银行北京海淀支行　　收款国库（银行）名称：国家金库北京市海淀区支库

小写（合计）金额：¥3 103.09　　缴款书交易流水号：2019051505320368

大写（合计）金额：叁仟壹佰零叁元零玖分　　税票号码：48710492

税（费）种名称	所属日期	实缴金额
工会经费	20190401-20190430	3103.09

交通银行北京海淀支行 2019年05月15日 业务专用章

打印时间：2019年05月15日

会计流水号：　　复核：　　记账：

第二联 作付款回单（无银行收讫章无效）

××××××××××××印制

图 2-34 电子缴税付款凭证(工会经费)

【业务 2-11】 15 日，交纳各项税费。相关单据见图 2-35 至图 2-37。

交通银行电子缴税付款凭证

转账日期：2019 年 05 月 15 日　　　　凭证字号：18385921

纳税人全称及纳税人识别号：北京清洁光电有限公司91110000600039818G

付款人全称：北京清洁光电有限公司
付款人账号：11000204905248621558６
付款人开户银行：交通银行北京海淀支行
小写（合计）金额：¥356 900.00
大写（合计）金额：叁拾伍万陆仟玖佰元整

征收机关名称：国家税务总局北京市海淀区税务局
收款国库（银行）名称：国家金库北京市海淀区支库
缴款书交易流水号：2019051505320369
税票号码：48710493

税（费）种名称	所属日期	实缴金额
增值税	20190401-20190430	356 900.00

交通银行北京海淀支行 2019年05月15日 业务专用章

打印时间：2019年05月15日

会计流水号：　　　　复核：　　　　记账：

第二联 作付款回单（无银行收讫章无效）

图 2-35 电子缴税付款凭证（增值税）

交通银行电子缴税付款凭证

转账日期：2019 年 05 月 15 日　　　　凭证字号：18385922

纳税人全称及纳税人识别号：北京清洁光电有限公司91110000600039818G

付款人全称：北京清洁光电有限公司
付款人账号：110002049052486215586
付款人开户银行：交通银行北京海淀支行
小写（合计）金额：¥42 828.00
大写（合计）金额：肆万贰仟捌佰贰拾捌元整

征收机关名称：国家税务总局北京市海淀区税务局
收款国库（银行）名称：国家金库北京市海淀区支库
缴款书交易流水号：2019051505320370
税票号码：48710494

税（费）种名称	所属日期	实缴金额
城市维护建设税	20190401-20190430	24 983.00
教育费附加	20190401-20190430	10 707.00
地方教育费附加	20190401-20190430	7 138.00

交通银行北京海淀支行 2019年05月15日 业务专用章

打印时间：2019年05月15日

会计流水号：　　　　复核：　　　　记账：

第二联 作付款回单（无银行收讫章无效）

图 2-36 电子缴税付款凭证（城市维护建设税、教育费附加、地方教育费附加）

交通银行电子缴税付款凭证

转账日期：2019 年 05 月 15 日　　　　凭证字号：18385923

纳税人全称及纳税人识别号：北京清洁光电有限公司91110000600039818G

付款人全称：北京清洁光电有限公司

付款人账号：110002049052486215586　　征收机关名称：国家税务总局北京市海淀区税务局

付款人开户银行：交通银行北京海淀支行　　收款国库(银行)名称：国家金库北京市海淀区支库

小写（合计）金额：¥1 744.07　　缴款书交易流水号：2019051505320371

大写（合计）金额：壹仟柒佰肆拾肆元零柒分　　税票号码：48710495

税（费）种名称	所属日期	实缴金额
个人所得税	20190401-20190430	1 744.07

交通银行北京海淀支行　2019年05月15日　业务专用章

打印时间：2019年05月15日

会计流水号：　　复核：　　记账：

第二联 作付款回单（无银行收讫章无效）

图 2-37　电子缴税付款凭证(个人所得税)

【业务 2-12】 16 日，销售商品给江苏顺光光电科技有限公司，同时收到 20%货款。相关单据见图 2-38 至图 2-41。

1101191130　**北京增值税专用发票**　№ 48311861

1101191130
48311861

此联不作报销、扣税凭证使用

开票日期：2019年05月16日

购买方：
名　　称：江苏顺光光电科技有限公司
纳税人识别号：913204127796618561
地 址、电 话：江苏省武进高新技术产业开发区阳湖路99号　0519-86162969
开户行及账号：交通银行武进开发区支行　32648000036553828691 3

密码区：
02+408-7*85-13/<5/47-5-548-
8+5+>16>**89980*-8-9+33212/
53+411//385930-0-685999+656
54-1076-79-9*11087<2--29*5/

货物或应税劳务、服务名称	规格型号	单位	数量	单价	金额	税率	税额
*其他电池*光伏组件290W		件	860	1200.00	1032000.00	13%	134160.00
*其他电池*光伏组件340W		件	700	1400.00	980000.00	13%	127400.00
*其他电池*光伏组件280W		件	860	1100.00	946000.00	13%	122980.00
*其他电池*光伏组件330W		件	700	1300.00	910000.00	13%	118300.00
合计					¥3868000.00		¥502840.00
价税合计（大写）	⊗肆佰叁拾柒万零捌佰肆拾元整				（小写）¥4370840.00		

销售方：
名　　称：北京清洁光电有限公司
纳税人识别号：91110000600039818G
地 址、电 话：北京市海淀区群芳路194号 010-63846234
开户行及账号：交通银行北京海淀支行　110002049052486215586

备注：

收款人：　　复核：　　开票人：陈巧玲　　销售方：（章）

第一联：记账联 销售方记账凭证

图 2-38　增值税专用发票

销售单

购货单位：江苏顺光光电科技有限公司　　地址和电话：江苏省武进高新技术产业开发区阳湖路99号　0519-86162969　　单据编号：xs1903002

纳税识别号：91320412779661856l　　开户行及账号：交通银行武进开发区支行　326480000365538286913　　制单日期：2019. 05. 16

编码	产品名称	规格	单位	单价	数量	金额	备注
A001	光伏组件290W		件	1200.00	860	1032000.00	不含税价
A002	光伏组件340W		件	1400.00	700	980000.00	
A003	光伏组件280W		件	1100.00	860	946000.00	
A004	光伏组件330W		件	1300.00	700	910000.00	
合计	人民币（大写）：叁佰捌拾陆万捌仟元整				—	¥3868000.00	

会计联

销售经理：陈雪婷　　经手人：李俭　　会计：陈巧玲　　签收人：高昆玉

图 2-39　销售单

购销合同

购方：**江苏顺光光电科技有限公司**　　合同编号：*gxhe019806*

销方：**北京清洁光电有限公司**　　签订时间：***2019年05月08日***

供需双方本着互利互惠、长期合作的原则，根据《中华人民共和国合同法》及双方的实际情况，就需方向供方采购事宜，订立本合同，以使双方在合同履行中共同遵守。

一、产品名称、数量、单价、金额：

产品名称	规格型号	计量单位	数量	单价	金额	备注
光伏组件290W		**件**	**860**	**1 200.00**	**1 032 000.00**	**不含税价**
光伏组件340W		**件**	**700**	**1 400.00**	**980 000.00**	
光伏组件280W		**件**	**860**	**1 100.00**	**946 000.00**	
光伏组件330W		**件**	**700**	**1 300.00**	**910 000.00**	
合计					**¥3 868 000.00**	
合计人民币（大写）：**叁佰捌拾陆万捌仟元整**						

二、质量要求技术标准：供方对质量负责的条件和期限：按合同企业标准。

三、交（提）货地点、方式：**江苏省武进高新技术产业开发区阳湖路99号。**

四、付款时间与付款方式：**发货时支付20%货款，余款收货后一个月内支付。**

五、运输方式及到站、港和费用负担：**由购货方承担。**

六、合理损耗及计算方法：以实际数量验收。

七、包装标准、包装物的供应与回收：普通包装，不回收包装物。

八、验收标准、方法及提出异议期限：货到需方七天内提出质量异议，不包括运输过程中造成的质量问题。

九、违约责任：按《合同法》。

十、解决合同纠纷的方法：双方协商解决。

十一、其他约定事项：本合同一式两份，需、供双方各一份，经双方盖章后即生效。

购方（盖章）：江苏顺光光电科技有限公司　　销方（盖章）：北京清洁光电有限公司

单位地址：江苏省武进高新技术产业开发区阳湖路99号　　单位地址：北京市海淀区群芳路194号

电　话：0519-86162969　　电　话：010-63846214

签订日期：2019年05月08日　　签订日期：2019年05月08日

开户银行：交通银行武进开发区支行　　开户银行：交通银行北京海淀支行

账　号：326480000365538286913　　账号：110002049052486215586

图 2-40　购销合同

交通银行电子回单凭证

回单编号：818422353362　回单类型：网银业务　业务名称：

凭证种类：　凭证号码：　借贷标志：贷记　回单格式码：S

账号：110002049052486215586　开户行名称：交通银行北京海淀支行

户名：北京清洁光电有限公司

对方账号：326480000365538286913　开户行名称：交通银行武进开发区支行

对方户名：江苏顺光光电科技有限公司

币种：CNY　金额：897 376.00　金额大写：捌拾玖万柒仟叁佰柒拾陆元整

兑换信息：兑换信息　币种：　金额：0.00　牌价：0.00　币种：　金额：0.00

摘要：

附加信息：

交通银行 北京分行 业务受理章

打印次数：0001　记账日期：20190516　会计流水号：EEZ0000011933821

记账机构：010120003999　经办柜员：EBB001　记账柜员：EEZ000　复核柜员：　授权柜员：

打印机构：010120003999　打印柜员：201900557519222　批次号：

图 2-41　电子回单凭证

【业务 2-13】 22 日，收到泰州中来光电科技有限公司电池片不合格品的红字增值税专用发票。相关单据见图 2-42。

3201192130　**江苏增值税专用发票**　№ 51392471　3201192130　51392471

销项负数　发票联　开票日期：2019年05月22日

购买方　名称：北京清洁光电有限公司
纳税人识别号：91110000600039818G
地址、电话：北京市海淀区群芳路194号 010-63846234
开户行及账号：交通银行北京海淀支行 110002049052486215586

密码区：
02+408-7*85-13/<5/4715/1201
8+5+>16>**89980*-8-9+33>302
53+411//385930-0-68/99>+231
54-1076-79-9*11087<2--29*58

货物或应税劳务、服务名称	规格型号	单位	数量	单价	金额	税率	税额
*其他电池*单晶硅电池片		片	-800	8.20	-6560.00	13%	-852.80
*其他电池*多晶硅电池片		片	-1000	6.40	-6400.00	13%	-832.80
合计					¥-12960.00		¥-1684.80

价税合计（大写）：⊗（负数）壹万肆仟陆佰肆拾肆元捌角整　（小写）¥14644.80

销售方　名称：泰州中来光电科技有限公司
纳税人识别号：91321204111548349L
地址、电话：姜堰经济开发区开阳路502号 0523-86392018
开户行及账号：交通银行泰州开发区支行 320004819205728103825

备注

泰州中来光电科技有限公司 91321204111548349L 发票专用章

收款人：　复核：　开票人：张大明　销售方：（章）

税总函【XXXX】XXX号 XXXXXXXX公司

第三联：发票联 购买方记账凭证

图 2-42　增值税专用发票

【业务 2-14】 26 日，销售商品给北京太极光电股份有限公司。相关单据见图 2-43 至图 2-45。

销 售 单

购货单位：北京太极光电股份有限公司　　地址和电话：北京市北京经济技术开发区凉水河一街10号　010-58940955　　单据编号：xs1903003

纳税识别号：91110302693225842L　　开户行及账号：交通银行北京开发区支行　110003749205627193225　　制单日期：2019. 05. 26

编 码	产品名称	规 格	单 位	单 价	数 量	金 额	备 注
A001	光伏组件290W		件	1 200.00	840	1 008 000.00	不含税价
A002	光伏组件340W		件	1 400.00	900	1 260 000.00	
A003	光伏组件280W		件	1 100.00	840	924 000.00	
A004	光伏组件330W		件	1 300.00	900	1 170 000.00	
合 计	人民币（大写）：肆佰叁拾陆万贰仟元整				—	¥4 362 000.00	

会计联

销售经理：陈雪婷　　经手人：李俭　　会计：陈巧玲　　签收人：高昆五

图 2-43　销售单

1101191130　**北京增值税专用发票**　№ 48311863　1101191130　48311863

此联不作报销、扣税凭证使用　　开票日期：2019年05月26日

购买方	名　　称：北京太极光电股份有限公司 纳税人识别号：91110302693225842L 地 址、电 话：北京市北京经济技术开发区凉水河一街10号　010-58940955 开户行及账号：交通银行北京开发区支行　110003749205627193225
密码区	02+408-7*85-13/<5/47-5-988- 8+5+>16>**89980*-8-9+33212/ 53+411//320930-0-685999+647 54-1666-79-9*11087<2--29*5/

货物或应税劳务、服务名称	规格型号	单位	数 量	单 价	金 额	税率	税 额
*其他电池*光伏组件290W		件	840	1200.00	1008000.00	13%	131040.00
*其他电池*光伏组件340W		件	900	1400.00	1260000.00	13%	163800.00
*其他电池*光伏组件280W		件	840	1100.00	924000.00	13%	120120.00
*其他电池*光伏组件330W		件	900	1300.00	1170000.00	13%	152100.00
合　　计					¥4362000.00		¥567060.00
价税合计（大写）	⊗ 肆佰玖拾贰万玖仟零陆拾元整				（小写）¥4929060.00		

销售方	名　　称：北京清洁光电有限公司 纳税人识别号：91110000600039818G 地 址、电 话：北京市海淀区群芳路194号 010-63846234 开户行及账号：交通银行北京海淀支行　110002049052486215586	备注

收款人：　　复核：　　开票人：陈巧玲　　销售方：（章）

第一联：记账联　销售方记账凭证

图 2-44　增值税专用发票

购销合同

购方：北京太极光电股份有限公司　　合同编号：gxhe019808

销方：北京清洁光电有限公司　　签订时间：2019年05月18日

供需双方本着互利互惠、长期合作的原则，根据《中华人民共和国合同法》及双方的实际情况，就需方向供方采购事宜，订立本合同，以使双方在合同履行中共同遵守。

一、产品名称、数量、单价、金额：

产品名称	规格型号	计量单位	数量	单价	金额	备注
光伏组件290W		件	840	1 200.00	1 008 000.00	不含税价
光伏组件340W		件	900	1 400.00	1 260 000.00	
光伏组件280W		件	840	1 100.00	924 000.00	
光伏组件330W		件	900	1 300.00	1 170 000.00	
合计					¥4 362 000.00	
合计人民币（大写）：肆佰叁拾陆万贰仟元整						

二、质量要求技术标准：供方对质量负责的条件和期限：按合同企业标准。

三、交（提）货地点、方式：北京市北京经济技术开发区凉水河一街10号。

四、付款时间与付款方式：自收到货后，一个月内支付货款。

五、运输方式及到站、港和费用负担：由购货方承担。

六、合理损耗及计算方法：以实际数量验收。

七、包装标准、包装物的供应与回收：普通包装，不回收包装物。

八、验收标准、方法及提出异议期限：货到需方七天内提出质量异议，不包括运输过程中造成的质量问题。

九、违约责任：按《合同法》。

十、解决合同纠纷的方式：双方协商解决。

十一、其他约定事项：本合同一式两份，需、供双方各一份，经双方盖章后即生效。

购方（盖章）：北京太极光电有限公司
单位地址：北京市北京经济开发区凉水河一街10号
电　话：010-5894■■55
签订日期：2019年05月18日
开户银行：交通银行北京开发区支行
账　号：411000028556453119 2754

阳黄印青

销方（盖章）：北京清洁光电有限公司
单位地址：北京市海淀区群芳路194号
电　话：010-638■■34
签订日期：2019年05月18日
开户银行：交通银行北京海淀支行
账号：11000204905248621 5586

伟王印国

图 2-45　购销合同

【业务 2-15】 28 日，支付竞标保证金（根据付款申请书在系统内模拟完成银行电子转账支付业务，通过基本存款账户支付）。相关单据见图 2-46。

付款申请书

2019年 05月 27日

用途及情况	金额											收款单位(人)：陕西西龙投标担保有限公司
支付竞标保证金	亿	千	百	十	万	千	百	十	元	角	分	账 号：41924996144759
			¥	1	5	0	0	0	0	0	0	开户行：交通银行延安市宝塔支行

金额（大写）合计：	人民币 壹拾伍万元整	结算方式：转账

总经理	王国伟	财务部门	经 理	卢江棠	业务部门	经 理	
			会 计	陈巧玲		经 办 人	李艳红

图 2-46 付款申请书

【业务 2-16】 28 日，购入非专利技术（根据付款申请书在系统内模拟完成银行电子转账支付业务，通过基本存款账户支付）。相关单据见图 2-47。

付款申请书

2019年 05月 28日

用途及情况	金额											收款单位(人)：北京市恒信电器技术研究院有限公司
购入非专利技术	亿	千	百	十	万	千	百	十	元	角	分	账 号：6222607612063375072
			¥	2	4	0	0	0	0	0	0	开户行：交通银行北京海淀支行

金额（大写）合计：	人民币 贰拾肆万元整	结算方式：转账

总经理	王国伟	财务部门	经 理	卢江棠	业务部门	经 理	
			会 计	陈巧玲		经 办 人	李艳红

图 2-47 付款申请书

本部分出纳业务实训题来自网中网，学生可选择在教材上练习或者网上练习。进行网上练习的步骤如下：

（1）输入本校网中网网址（如 http://10.10.1.75:8091），见图 2-48。

图 2-48 输入网址

（2）点击“进入系统”，见图 2-49。

图 2-49　进入系统

（3）点击“赛务模块”，输入账号“admin”和密码“netinnet”，见图 2-50。

图 2-50　输入账号和密码

（4）进入竞赛管理系统，点击“竞赛试卷管理”，见图 2-51。

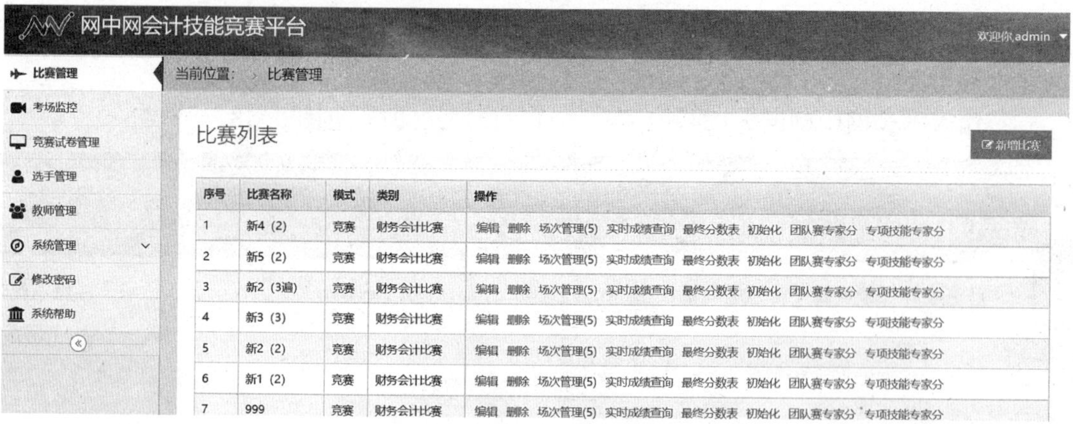

图 2-51　进入竞赛管理系统

(5) 进入竞赛试卷,开始竞赛,见图 2-52。

图 2-52 进入竞赛试卷

三、常见票据填写方式

(一) 支票

1. 支票的定义和要求

支票是出票人签发的,委托办理支票存款业务的银行在见票时无条件支付确定的金额给收款人或者持票人的票据。

(1) 支票的种类。支票包括现金支票和转账支票。支票上印有“现金”字样的为现金支票,只能用于支取现金。支票上印有“转账”字样的为转账支票,只能用于转账。支票上未印有“现金”或“转账”字样的为普通支票,既可以用于支取现金,也可以用于转账。普通支票左上角划有两条平行线的,为划线支票,它只能用于转账,不得支取现金。

(2) 支票的适用范围。单位和个人的各种款项结算,均可以使用支票。

(3) 支票的出票人和付款人。支票的出票人为在经中国人民银行当地分支行批准办理支票业务的银行机构开立,可以使用支票的存款账户的单位和个人。支票的付款人为支票上记载的出票人开户银行。

(4) 支票的提示付款期限。支票的提示付款期限为自出票日起 10 日,中国人民银行另有规定的除外。

(5) 现金支票只能用于支取现金,不能用于转账,不得背书转让。

(6) “收款人”名称必须填写全称。如果本单位从银行提取现金,“收款人”处可以写本单位。

(7) 企业从银行提取现金,由出纳人员按照支票签发的有关规定签发现金支票,并加盖预留银行印鉴。现金支票背面要有背书(即签名,加盖预留银行印鉴——财务专用章和法人印章),并加注取款人的身份证件号码及发证机关,否则不予支取。

(8) 用现金支票向外单位或个人支付款项时,由出纳人员签发现金支票,并加盖预留银行印鉴,注明收款人后将支票正联交收款人,收款人持现金支票到付款单位开户银行提取现金,并按银行的要求出具有关证明。签发的现金支票如有遗失,可以向银行申请挂失;挂失前已经支付的,银行不予受理。

2. 现金支票的填制要求

现金支票一律记名，必须注明收款人的名称，付款期限为 10 天。签发人必须在银行账户余额内按照规定向收款人签发现金支票，不能签发空头支票，也不能透支。

（1）签发支票必须使用墨汁或碳素墨水笔填写，支票上各项内容要填写齐全，数字要标准，大小写金额要一致。目前，大多数商业银行要求采用支票打印机或支票打印软件填制支票各项内容，以提高支票填写的规范性及支票的安全性。

（2）签发日期应填写实际出票日期，支票正联出票日期必须使用中文大写书写，支票存根部分的出票日期可用阿拉伯数字书写。在支票正联用大写填写出票日期，为防止变造支票的出票日期，在填写月、日时应注意：月为壹、贰和壹拾的，日为壹至玖和壹拾、贰拾和叁拾的，应在其前加“零”；日为壹拾至拾玖的，应在其前加“壹”。例如，2 月 15 日，应写成零贰月壹拾伍日；10 月 30 日，应写成零壹拾月零叁拾日。

（3）收款单位名称应填写全称并与预留银行印鉴中的单位名称保持一致。

（4）大写金额应紧接“人民币”书写，不得留有空白，以防填加；大小写金额要对应，要按规定书写。

（5）阿拉伯小写金额数字前面，均应填写人民币符号“¥”。阿拉伯小写金额数字要认真填写，不得连写，导致分辨不清。

（6）如实写明用途，存根联与支票正联填写的用途应一致。

（7）在签发人签章处按预留银行印鉴分别签章（财务专用章、法人印章），签章不能缺漏。

（8）对约定使用支付密码作为支付票据金额的，出票人可在小写金额栏下方的空栏（支付密码填写栏）中记载支付密码。

（9）预算单位在办理支票业务时，可以根据财政部门的相关管理规定，在“附加信息”栏上填写预算管理类型、预算账户、支出类型等代码信息。其他客户也可根据系统、行业或内部管理的需要，在“附加信息”栏记载相关信息。“附加信息”并非票证的必要记载事项，欠缺该记载事项并不影响票据的效力。

（10）支票签发后，将支票从存根联与正联之间骑缝线剪开，正联交给收款人办理转账，存根联留下作为记账依据。

现金支票的票样见图 2-53 和图 2-54。

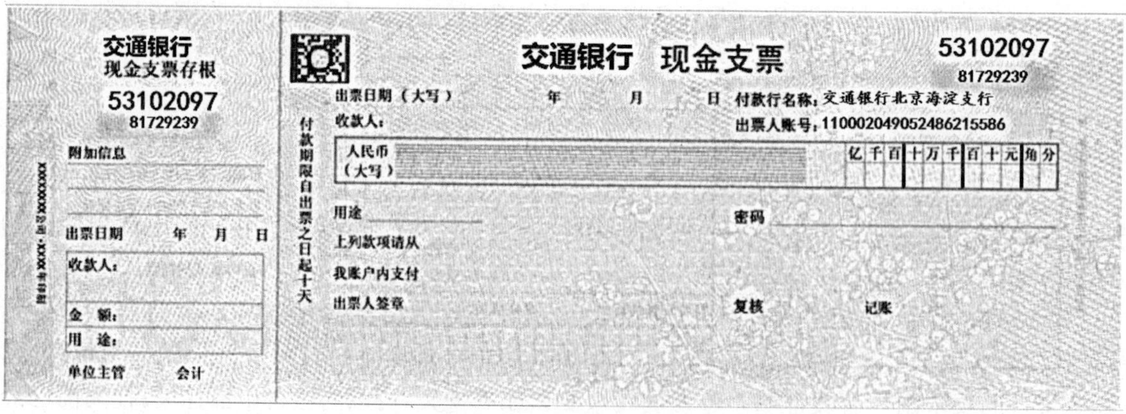
交通银行
现金支票存根
53102097
81729239
附加信息
出票日期 年 月 日
收款人：
金 额：
用 途：
单位主管 会计

交通银行 现金支票
53102097
81729239
出票日期（大写） 年 月 日 付款行名称：交通银行北京海淀支行
收款人： 出票人账号：110002049052486215586
付款期限自出票之日起十天
人民币（大写）
亿 千 百 十 万 千 百 十 元 角 分
用途 密码
上列款项请从
我账户内支付
出票人签章 复核 记账

图 2-53 现金支票(正面)

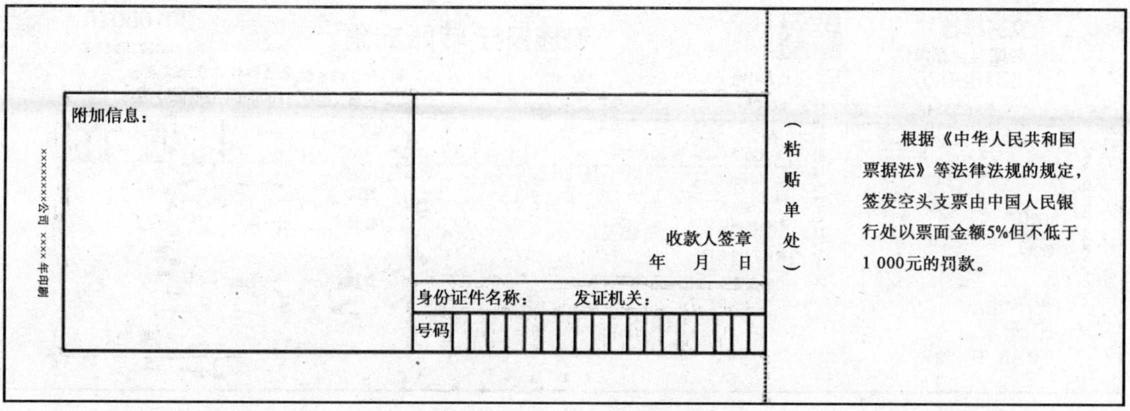

图 2-54 现金支票(反面)

3. 转账支票的填制要求

1）正联的填写方法

(1) 正联填写方法：出票日期(中文大写)。

(2) 收款人：填写对方收款单位的名称。

(3) 付款行名称、出票人账号：填写本单位开户银行名称及银行账号。

(4) 人民币(大写)：大写按要求规范填写，必须与小写金额完全一致。

(5) 人民币小写：最高金额的前一位空白格应以"￥"字头填写，数字填写必须完整清楚。

(6) 用途：填写所付款项的用途。

(7) 小写金额下方的空格栏：企业采用支付密码的，可在此填写支付密码。

(8) 出票人签章：应在正反面加盖单位财务专用章、企业法人印章两枚印章，或单位财务公章、企业法人印章、出纳印章三枚印章。印章要用力加盖清晰，不得重合或文字方向相反，应与单位在银行预留的印章一致。

2）存根的填写方法

(1) 附加信息：与正联背面所填内容相同。

(2) 出票日期：用小写填写，日期与正联一致。

(3) 收款人：与正联所填相同。

(4) 金额：用小写填写与正联相同的金额。

(5) 用途：与正联所填相同。

(6) 单位主管、会计：由单位财务负责人、会计签名或盖章，也可以不填写。

3）支票背面的填写方法

(1) 附加信息：可填写需要说明的有关事项。

(2) 如有背书情况，在被背书栏加盖被背书人印鉴。

转账支票的票样见图 2-55 和图 2-56。

(二) 银行汇票

1. 银行汇票的定义

银行汇票是出票银行签发的、由其在见票时按实际结算金额，无条件支付收款人或持票人

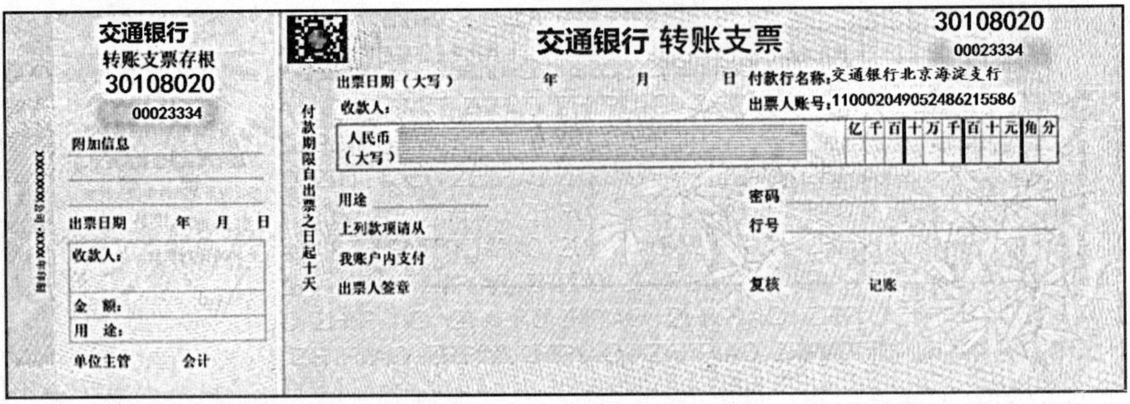
交通银行
转账支票存根
30108020
00023334
附加信息
出票日期 年 月 日
收款人：
金 额：
用 途：
单位主管 会计
交通银行 转账支票
30108020
00023334
出票日期（大写） 年 月 日 付款行名称：交通银行北京海淀支行
收款人： 出票人账号：110002049052486215586
付款期限自出票之日起十天
人民币（大写）
亿 千 百 十 万 千 百 十 元 角 分
用途 密码
上列款项请从 行号
我账户内支付
出票人签章 复核 记账

图 2-55 转账支票(正面)

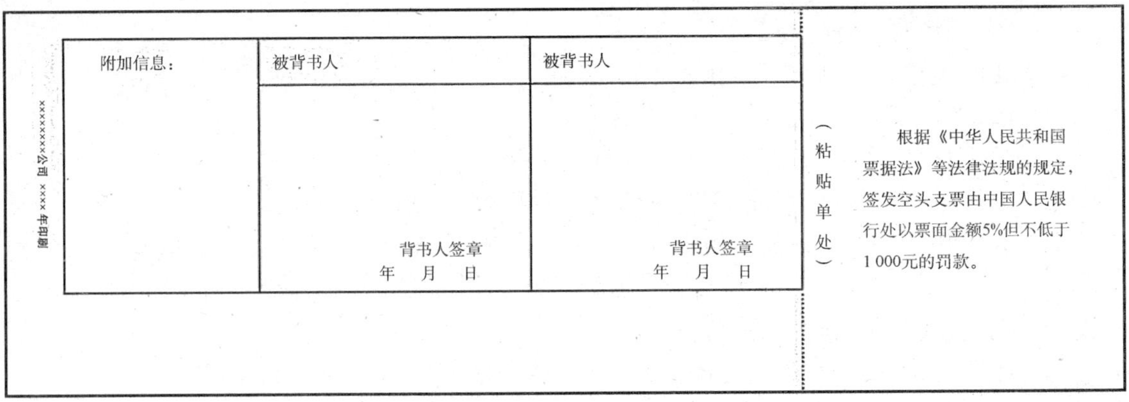
附加信息：
被背书人
背书人签章
年 月 日
被背书人
背书人签章
年 月 日
（粘贴单处）
根据《中华人民共和国票据法》等法律法规的规定，签发空头支票由中国人民银行处以票面金额5%但不低于1 000元的罚款。

图 2-56 转账支票(反面)

的票据。

(1) 银行汇票的使用人和付款人。单位和个人各种款项结算，均可使用银行汇票。银行汇票的出票银行为银行汇票的付款人。

(2) 银行汇票的特点。银行汇票可用于转账，其中填明“现金”字样的银行汇票也可以用于支取现金。

(3) 银行汇票的适用范围。银行汇票的出票和付款，限于全国范围内的中国人民银行和商业银行参加“全国联行往来”的银行机构办理。跨系统银行签发的转账银行汇票的付款，应通知同城票据交换将银行汇票和解讫通知提交给同城的有关银行审核支付后抵用。代理付款人不得受理未在本行开立存款账户的持票人为单位直接提交的银行汇票。省、自治区、直辖市内和跨省、市的经济区域内银行汇票的出票和付款，按照有关规定办理。

(4) 银行汇票的必须记载事项。签发银行汇票必须记载下列事项：表明“银行汇票”的字样，无条件支付的承诺，出票金额，付款人名称，收款人名称，出票日期，出票人，签章等。欠缺记载上列事项之一的银行汇票视为无效。

(5) 银行汇票的提示付款期限。其提示付款期限为自出票日起 1 个月。持票人超过付款期限提示付款的，代理付款人不予受理。持票人向银行提示付款时，必须同时提交银行汇票和解讫通知，缺少任何一联，银行不予受理。在银行开立存款账户的持票人向开户银行提示付款时，应在汇票背面“持票人向银行提示付款签章”处签章，签章须与预留银行签章相同，并将银行汇票和解讫通知、进账单送交开户银行。银行审查无误后办理转账。

2. 银行汇票的办理

银行汇票的票样见图 2-57 至图 2-60。

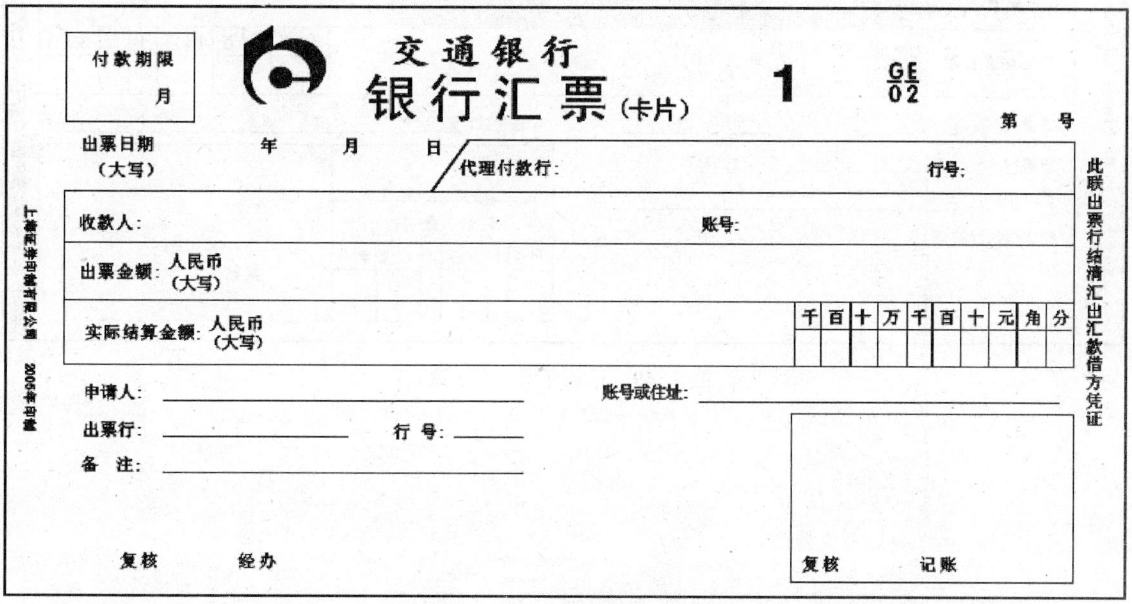

交通银行
银行汇票（卡片） 1 GE 02
付款期限 月
第 号
出票日期（大写） 年 月 日
代理付款行： 行号：
收款人： 账号：
出票金额：人民币（大写）
实际结算金额：人民币（大写） 千 百 十 万 千 百 十 元 角 分
申请人： 账号或住址：
出票行： 行号：
备注：
复核 经办
复核 记账
此联出票行结清汇出汇款借方凭证
上海证券印制有限公司 2005年印制

图 2-57 银行汇票（第一联）

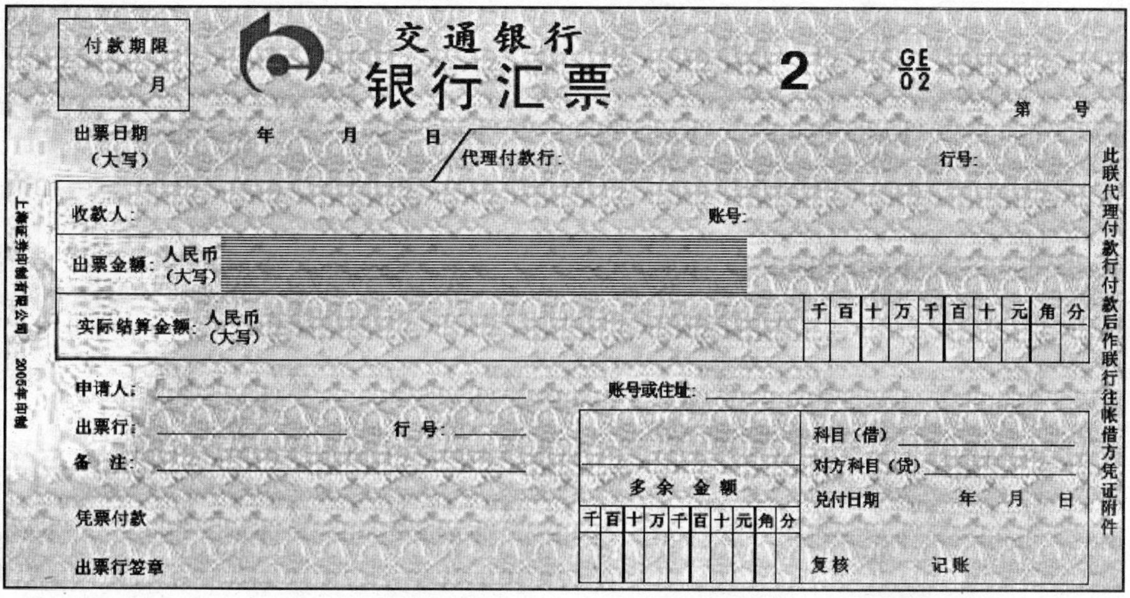

交通银行
银行汇票 2 GE 02
付款期限 月
第 号
出票日期（大写） 年 月 日
代理付款行： 行号：
收款人： 账号：
出票金额：人民币（大写）
实际结算金额：人民币（大写） 千 百 十 万 千 百 十 元 角 分
申请人： 账号或住址：
出票行： 行号：
备注：
凭票付款
出票行签章
多余金额 千 百 十 万 千 百 十 元 角 分
科目（借）
对方科目（贷）
兑付日期 年 月 日
复核 记账
此联代理付款行付款后作联行往帐借方凭证附件
上海证券印制有限公司 2005年印制

图 2-58 银行汇票（第二联）

付款期限 月

交通银行

银行汇票(解讫通知) 3 GE/02

第 号

出票日期（大写） 年 月 日 代理付款行: 行号:

收款人: 账号:

出票金额: 人民币（大写）

实际结算金额: 人民币（大写）	千	百	十	万	千	百	十	元	角	分

申请人: 账号或住址:

出票行: 行 号:

备 注:

代理付款行签章

复核 经办

多余金额										复核 记账
千	百	十	万	千	百	十	元	角	分	

此联代理付款行兑付后随报单寄出票行 由出票行作多余款贷方凭证

上海证券印制有限公司 2005年印制

图 2-59 银行汇票(第三联)

付款期限 月

交通银行

银行汇票(多余款收账通知) 4 GE/02

第 号

出票日期（大写） 年 月 日 代理付款行: 行号:

收款人: 账号:

出票金额: 人民币（大写）

实际结算金额: 人民币（大写）	千	百	十	万	千	百	十	元	角	分

申请人: 账号或住址:

出票行: 行 号:

备 注:

出票行签章

年 月 日

多余金额										左列退回多余金额已收入你账户内。
千	百	十	万	千	百	十	元	角	分	

此联出票行作多余款后交申请人

上海证券印制有限公司 2005年印制

图 2-60 银行汇票(第四联)

办理银行汇票,需填写“银行汇票申请书”。银行汇票的填写方法如下:

(1) 申请日期:用小写填写申请当日的日期。

(2) 申请人:填写本单位的名称。

(3) 账号或住址:填写本单位开户银行账号和住址,账号要用小写。

(4) 用途:填写所付款项的用途,如货款等。

(5) 代理付款行:填写本单位开户银行名称。

(6) 汇票金额:与支票填写方法相同。

(7) 出票人签章:应加盖单位财务专用章、企业法人印章两枚印鉴,或单位财务公章、企业法人印章、出纳印章三枚印鉴。印章要用力加盖清晰,不得重合或文字方向相反,应与单位在银行预留的印鉴相一致。

(三) 商业汇票

1. 商业汇票的定义和规定

商业汇票是由出票人签发的,委托付款人在指定日期无条件支付确定的金额给收款人或者持票人的票据。商业汇票包含商业承兑汇票和银行承兑汇票两种。其中,商业承兑汇票的承兑人是银行以外的机构;银行承兑汇票承兑人是银行。一般来说,银行承兑汇票的办理要求更为严格,但是安全性更高,这里主要以银行承兑汇票为例来简述收款业务处理流程。

商业汇票在使用过程中要注意以下几点:

(1) 商业汇票只能由企业法人使用,同时这些企业法人必须已经在银行开设了存款账户。

(2) 商业汇票是以商品交易为基础签发的,在使用过程中一律记名并允许背书转让。

(3) 商业汇票的承兑期限最长不超过 6 个月,提示付款期限自汇票到期日起 10 日内。

(4) 如果到期无法兑付的时候,商业承兑汇票的付款人银行会在委托收款凭证备注栏注明付款人“无款支付”字样并将凭证和商业承兑汇票退还给收款人开户行。银行承兑汇票的付款人银行在票据无问题的情况下需要首先无条件支付款项,其次对付款人扣款,如果无法扣除对应款项,则将其欠款转入逾期贷款中,每日计息 0.05%作为罚款。

2. 商业汇票的基本样式

(1) 商业承兑汇票一式三联:第一联是承兑人留存,第二联是持票人作为借方凭证附件使用,第三联是出票人留存。

(2) 银行承兑汇票一式三联:第一联是承兑行留存,第二联是收款人开户行作为借方凭证附件使用,第三联是出票人存查。

银行承兑汇票的票样见图 2-61 和图 2-62。

3. 银行承兑汇票的业务收款处理流程

(1) 审核收到的银行承兑汇票。

(2) 根据银行承兑汇票填写委托收款凭证。

(3) 收款人开户行受理委托收款凭证。

(4) 等待开户行的收账通知并编制记账凭证。

(5) 根据记账凭证登记银行存款日记账。

银行承兑汇票 2

58129579
10483027

出票日期（大写） 贰零壹玖年 零伍月 零壹拾伍日

出票人全称	江苏顺光光电科技有限公司	收款人	全 称	北京清洁光电有限公司
出票人账号	32648000365538286913		账 号	110002049052486215586
付款行名称	交通银行武进开发区支行		开户银行	交通银行北京海淀支行
出票金额	人民币（大写）柒拾伍万元整		亿千百十万千百十元角分	¥ 7 5 0 0 0 0 0 0
汇票到期日（大写）	贰零壹玖年零玖月零壹拾伍日	付款行	行号	302100020655
承兑协议编号	cuy0186		地址	江苏省武进高新技术产业开发区阳湖路31号
……承兑，到期无条件付款。 江苏顺光光电科技有限公司 财务专用章 张天阳 印 出票人签章		……已经承兑，到期日由本行付款。 交通银行武进开发区支行 302100020655 汇票专用章 林之力 印 承兑日期 2019年 05月 18日 备注：		密押 复核 记账

此联收款人开户行随托收凭证寄付款行作借方凭证附件

复印件与原件核对无误

图 2-61 银行承兑汇票（第二联正面）

被背书人 交通银行北京海淀支行	被背书人	被背书人
北京清洁光电有限公司 财务专用章 王国伟 印 背书人签章 2019 年 05 月 18 日	背书人签章 年 月 日	背书人签章 年 月 日

（粘贴单处）

图 2-62 银行承兑汇票（第二联反面）

（四）票据贴现

1. 票据贴现所需材料

一般来说，当企业有融资需求的时候可以寻求将持有的票据（如银行承兑汇票、商业承兑汇票）向银行贴现来获取一定的资金，不同的商业银行对票据贴现的要求在细节上有所不同。一般来说，贴现业务所需要的常见材料有：

（1）营业执照复印件（五证合一）。

（2）经办人授权委托书（原件或加盖公章的复印件）。

（3）申请人的贴现凭证（代贴现申请书）第一联并加盖预留印鉴。

（4）持票人与出票人之间的商品交易或劳务合同原件、增值税专用发票或增值税普通发票复印件。

（5）根据《中华人民共和国票据法》及有关法规签发的要素齐全且尚未到期、承兑期限不超过6个月的有效商业汇票。

贴现凭证的票样见图2-63。

贴现凭证（代申请书）　①

填写日期　2019年　05　月　18　日　　　　第　58192584　号

贴现汇票	种类	银行承兑汇票	号码 10483027	申请人	名称	北京清洁光电有限公司
	出票日	2018年 12 月 15 日			账号	110002049052486215586
	到期日	2019年 06 月 15 日			开户银行	交通银行北京海淀支行
汇票承兑人(或银行)	名称	交通银行武进开发区支行	账号		开户银行	
汇票金额(即贴现金额)	人民币(大写)	柒拾伍万元整			千百十万千百十元角分	7 5 0 0 0 0 0 0
贴现率每月	6%	贴现利息	千百十万千百十元角分　4 6 5 0 0 0		实付贴现金额	千百十万千百十元角分　7 4 5 3 5 0 0 0
兹根据《银行结算办法》的规定，附送承兑汇票贴现社，请审核。 北京清洁光电有限公司 财务专用章　伟王印国 交通银行北京海淀支行(贴现银行)　申请人盖章		银行审批	负责人　信贷员		科目(借)________ 对方科目(贷)________ 复核　记账	

此联银行作贴现借方凭证

图2-63　贴现凭证（第一联）

2. 业务办理流程

（1）申请人持未到期的商业汇票到银行各分支机构中填制《银行承兑汇票贴现申请书》或《商业承兑汇票贴现申请书》并提出贴现申请。

（2）接受申请的银行审查申请人资格。

（3）银行按照规定的程序确认拟贴现汇票和贸易背景的真实性与合法性。

（4）满足以上条件后客户与银行签订业务合同。

（5）按照贴现金额发放贷款。

项目三

会计手工实训

知识目标

1. 掌握工业企业基本经济业务的会计处理程序和方法。
2. 掌握工业企业涉税业务的处理流程与方法。

能力目标

1. 能熟练完成工业企业1个月的经济业务的手工账务处理。
2. 能编制资产负债表、利润表和现金流量表。

素质目标

1. 具备严谨、诚信的职业品质和良好的职业道德，具备良好的团队协作精神。
2. 具备独立正确地分析问题、解决问题的能力，能结合企业实际情况，应用基本理论来正确地判断和选择适用的账务处理方法。

一、公司基本财务信息

（一）企业名称与银行开户情况

企业名称：盛科服装股份有限公司（增值税一般纳税人）

住　　所：荆州市柳石路410号

电　　话：0716-3979905

法人代表：于浩然

纳税人识别号：914210011567H412T3

企业开户银行情况：基本存款户为中国工商银行荆州分行，账号为252-69014925。

（二）财务部人员构成及岗位职责

财务部经理：王华。

会计主管：李明。其岗位职责为：领导和组织公司会计核算工作；负责审核会计凭证、对账和编制会计报表；负责保管财务专用章；负责编制纳税申报表与纳税申报，组织会计档案的整理与保管；编制科目汇总表，组织财产清查等。

会计员：学生姓名。其岗位职责为：负责编制记账凭证；负责保管发票专用章；登记明细账和往来账等。

出纳员：刘敏。其岗位职责为：负责办理库存现金、银行存款的收款、付款业务；保管库存现金、有价证券及法人代表名章；登记现金日记账、银行存款日记账；配合清查人员进行库存现金、银行存款清查等。

（三）公司会计核算方法及财务管理制度

（1）公司以人民币为记账本位币（核算中的金额数值请保留 2 位小数），会计核算采用科目汇总表账务处理程序。

（2）公司为增值税一般纳税人，销售产品的增值税税率为 13%。

（3）公司地处荆州市区，公司适用的城市维护建设税税率为 7%，教育费附加征收率为 3%，地方教育费附加率为 2%。公司按规定代扣代缴个人所得税。公司企业所得税税率为 25%。不考虑除上述税费以外的其他税费。

（4）公司原材料、周转材料与库存商品采用实际成本法组织日常核算，发出原材料、周转材料与库存商品采用全月一次加权平均法计价。

（5）公司采用品种法计算产品成本，成本项目为直接材料、直接人工和制造费用。成本计算中各分配率的计算保留 4 位小数，计算结果保留 2 位小数。本月发生的直接材料费用如属于多种产品共同耗用，以各种产品的生产数量为标准在各种产品之间进行分配。本月发生的制造费用和直接人工按实际生产工时在各种产品之间进行分配。辅助生产费用的分配方法为交互分配法。月末在产品和完工产品之间的费用的分配采用约当产量法，原材料在第一道工序开始一次投入，直接人工和制造费用完工程度均为 50%。

（四）基础财务信息

1. 期初余额

各总账科目及其子目的期初余额表见表 3-1。

表 3-1　　期初余额表　　单位：元

总账科目	子　　目	借方余额	贷方余额	账页格式
库存现金		10 000.00		总账 日记账
银行存款		3 159 673.78		总账
	工商银行荆州分行	3 159 673.78		日记账
应收票据		495 806.44		总账
	海泉服装商贸公司	400 000.00		三栏式
	美晨服饰有限公司	95 806.44		三栏式
应收账款		510 000.00		总账
	艺龙股份有限公司	350 000.00		三栏式
	美晨服饰有限公司	157 000.00		三栏式
	华鑫有限公司	3 000.00		三栏式
其他应收款		5 000.00		总账

（续表）

总账科目	子　　目	借方余额	贷方余额	账页格式
	太平洋保险公司	5 000.00		三栏式
	王娜			三栏式
	张明			三栏式
预付账款		3 000.00		总账
	荆州日报社	600.00		三栏式
	太平洋保险公司	2 400.00		三栏式
坏账准备			2 550.00	总账 三栏式
在途物资				总账
	化纤面料			数量金额式
原材料		968 250.00		总账
	亚麻面料(数量 13 000 米)	372 000.00		数量金额式
	纯棉面料(数量 7 500 米)	297 000.00		数量金额式
	化纤面料(数量 13 000 米)	260 000.00		数量金额式
	拉链(数量 250 包)	25 000.00		数量金额式
	纽扣(数量 50 包)	2 500.00		数量金额式
	缝纫线(数量 550 个)	5 500.00		数量金额式
	机油(50 立方米)	1 250.00		数量金额式
	汽油(600 立方米)	3 000.00		数量金额式
	保险片(100 片)	2 000.00		数量金额式
库存商品		412 400.00		总账
	男士衬衣(数量 2 024 件)	202 400.00		数量金额式
	女士衬衣(数量 1 400 件)	210 000.00		数量金额式
周转材料		142 850.00		总账
	服装剪(数量 1 000 把)	18 100.00		数量金额式
	米尺(1 000 个)	10 000.00		数量金额式
	熨斗(900 个)	41 000.00		数量金额式
	专用维修工具(100 套)	12 000.00		数量金额式
	包装袋(20 000 个)	21 750.00		数量金额式
	包装箱(2 000 个)	40 000.00		数量金额式
存货跌价准备				总账

（续表）

总账科目	子　　目	借方余额	贷方余额	账页格式
在建工程		800 000.00		总账
	自动裁床			三栏式
	生产线	800 000.00		三栏式
固定资产		15 688 000.00		总账
	房屋建筑物	13 480 000.00		三栏式＋卡片式
	生产设备	1 700 000.00		三栏式＋卡片式
	办公设备	68 000.00		三栏式＋卡片式
	运输设备	440 000.00		三栏式＋卡片式
累计折旧			4 494 210.00	总账
	房屋建筑物		3 369 990.00	三栏式
	生产设备		930 750.00	三栏式
	办公设备		36 720.00	三栏式
	运输设备		156 750.00	三栏式
固定资产清理				总账
无形资产		170 000.00		总账
	专利权	50 000.00		三栏式
	商标权	120 000.00		三栏式
累计摊销			16 000.00	总账
	专利权		5 000.00	三栏式
	商标权		11 000.00	三栏式
待处理财产损溢				总账 三栏式
短期借款			500 000.00	总账
	工商银行荆州分行		500 000.00	三栏式
应付票据			86 759.23	总账
	华龙有限公司		50 000.00	三栏式
	丽人有限公司		36 759.23	三栏式
应付账款			455 159.41	总账
	荆州市乐家纺织有限公司		405 000.00	三栏式
	惠智服装辅料商行		23 561.78	三栏式

（续表）

总账科目	子　目	借方余额	贷方余额	账页格式
	纺龙织品有限公司		26 597.63	三栏式
预收账款				总账 三栏式
应付职工薪酬			2 839 551.61	总账
	工资		1 987 090.00	三栏式
	社会保险费		614 010.81	三栏式
	住房公积金		238 450.80	三栏式
	工会经费			三栏式
	职工教育经费			三栏式
其他应付款				总账
	职工承担的社保			三栏式
	职工承担的公积金			三栏式
应交税费			822 000.00	总账
	应交增值税			
	应交增值税(进项税额)			三栏式
	应交增值税(销项税额)			三栏式
	应交增值税(进项税额转出)			三栏式
	未交增值税		600 000.00	三栏式
	应交城市维护建设税		42 000.00	三栏式
	应交教育费附加		18 000.00	三栏式
	应交地方教育费附加		12 000.00	三栏式
	应交企业所得税		150 000.00	三栏式
	应交个人所得税			三栏式
应付利息			4 583.34	总账
	借款利息		4 583.34	三栏式
应付股利				总账
	华益股份有限公司			三栏式
	宏达股份有限公司			三栏式
长期借款				总账
	本金			三栏式

（续表）

总账科目	子目	借方余额	贷方余额	账页格式
股本			5 000 000.00	总账
	华益股份有限公司		1 000 000.00	三栏式
	宏达股份有限公司		4 000 000.00	三栏式
资本公积			1 657 910.00	总账
	资本溢价		1 657 910.00	三栏式
盈余公积			1 100 000.00	总账
	法定盈余公积		1 100 000.00	三栏式
	任意盈余公积			三栏式
本年利润			3 750 000.00	总账 三栏式
利润分配			2 421 165.16	总账
	提取法定盈余公积			三栏式
	提任意盈余公积			三栏式
	应付现金股利			三栏式
	未分配利润		2 421 165.16	三栏式
生产成本		784 908.53		总账
	基本生产成本	784 908.53		多栏式
	直接材料	223 845.17		
	男士衬衣	160 873.29		多栏式
	女士衬衣	62 971.88		多栏式
	直接人工	95 951.53		
	男士衬衣	13 116.41		多栏式
	女士衬衣	82 835.12		多栏式
	制造费用	465 111.83		
	男士衬衣	41 680.03		多栏式
	女士衬衣	423 431.80		多栏式
	辅助生产成本			多栏式
	机修车间			
	供水车间			
制造费用				总账
	裁剪车间			多栏式

（续表）

总账科目	子　目	借方余额	贷方余额	账页格式
	机加工车间			多栏式
	质检车间			多栏式
主营业务收入				总账
	男士衬衣			三栏式
	女士衬衣			三栏式
其他业务收入				总账
	材料销售收入			三栏式
	固定资产出租收入			三栏式
	无形资产出租收入			三栏式
资产减值损失				三栏式
信用减值损失				三栏式
资产处置损益				三栏式
营业外收入				总账
	非流动资产处置利得			三栏式
	罚没利得			三栏式
	违约金收入			三栏式
主营业务成本				总账
	男士衬衣			三栏式
	女士衬衣			三栏式
其他业务成本				总账
	销售材料成本			三栏式
	摊销费			三栏式
税金及附加				总账 三栏式
销售费用				总账
	工资			多栏式
	职工福利			多栏式
	社会保险			多栏式
	住房公积金			多栏式
	工会经费			多栏式
	水电费			多栏式

（续表）

总账科目	子　　目	借方余额	贷方余额	账页格式
	物料消耗			多栏式
	广告费			多栏式
	运杂费			多栏式
	折旧费			多栏式
	摊销费			多栏式
	教育经费			多栏式
	其他			多栏式
管理费用				总账
	工资			多栏式
	职工福利			多栏式
	社会保险			多栏式
	住房公积金			多栏式
	工会经费			多栏式
	物料消耗			多栏式
	折旧费			多栏式
	修理费			多栏式
	办公费			多栏式
	差旅费			多栏式
	摊销费			多栏式
	教育经费			多栏式
	其他			多栏式
财务费用				总账
	利息收入			多栏式
	现金折扣			多栏式
	利息支出			多栏式
	其他			多栏式
营业外支出				总账
	捐赠支出			三栏式
	非常损失			三栏式
所得税费用				总账 三栏式

2. 产量记录

表 3-2 产量记录

项目	产品		投料方式
	男士衬衣	女士衬衣	
月初在产品(件)	3 000	1 500	
本月投产(件)	14 000	16 000	
本月完工(件)	16 000	15 000	
月末在产品(件)	1 000	2 500	
投料程度	100%	100%	生产开始时一次投入
在产品完工程度	50%	50%	

二、基本业务及要求

2019 年 12 月,盛科服装股份有限公司发生的经济业务如下:

【业务 3-1】 1 日,收到荆州市华益股份有限公司按投资协议向公司投入缝纫机 10 台,价值为 100 000 元,增值税额为 13 000 元;投入新产品专利技术一项,双方协商含税价格为 106 000 元(含税),该价格是公允的。该项投资没有产生资本溢价。

【知识链接——接收无形资产投资的价格核定】

公司接受无形资产投资,应按投资合同或协议约定的价值入账,但合同或协议约定价值不公允的除外。

【业务 3-2】 1 日,收到宏达股份有限公司投资款 400 000 元,开具收款收据交给对方公司。

【业务 3-3】 2 日,将持有的商标权出租给华阳有限责任公司,每月收取租金 1 200 元(不含税)。

【业务 3-4】 4 日,因日常经营需要向工商银行荆州分行申请贷款 100 000 元(还款期限为 1 年)。

【业务 3-5】 5 日,从荆州市乐家纺织有限公司购入亚麻面料 5 000 米,每米价格为 30 元;纯棉面料 3 000 米,每米价格为 40 元。增值税税率为 13%,面料已运达公司并验收入库,款项尚未支付。

【业务 3-6】 7 日,从华龙有限公司购入包装箱 2 000 个,每个价格为 25 元;包装袋 5 000 个;每个价格为 1.5 元,材料已验收入库。增值税税率为 13%,开出为期 3 个月的银行承兑汇票一张。

【业务 3-7】 9 日,总经办人员王娜出差,预借差旅费 1 000 元,以现金支付。

【业务 3-8】 9 日,向艺龙股份有限公司销售女士衬衣 6 000 件,每件价格为 200 元;男士衬衣 4 000 件,每件价格为 150 元,增值税税率为 13%。公司开具增值税专用发票,未收到货款。

【业务 3-9】 10 日,从丽人有限责任公司购入化纤面料 10 000 米,每米价格为 25 元,增值税税率为 13%,公司开出转账支票一张,原材料尚未验收入库。

【业务 3-10】 10 日，预付昌达织品有限公司面料款 5 000 元。

【业务 3-11】 11 日，从安和股份有限公司购入需要安装的自动裁床一台，价款为 300 000 元，增值税税率为 13%，开出为期 3 个月商业汇票一张，自动裁床尚未投入使用。

【业务 3-12】 12 日，安装自动裁床，以现金支付安装人员工资 1 000 元，自动裁床安装完毕后投入使用。

【业务 3-13】 12 日，由于销售方丽春股份有限公司违约（合同尚未履行），收到违约金 200 000 元，已转入银行。

【知识链接——合同违约金收入的税务处理】

对于合同违约金收入应区分情况处理：情况一，对于合同尚未履行时收取违约方的违约金，无需交纳增值税，也不用开具发票；情况二，对于合同已经履行，购买方因延迟付款等原因，按合同约定向销售方支付一定金额的违约金，属于价外费用，应并入销售额计算交纳增值税，并开具发票。

【业务 3-14】 13 日，向鑫马有限责任公司出售一辆 2018 年 4 月购入的运输车，进项税额已经抵扣，该运输车原价为 60 000 元，已计提折旧 22 500 元，未计提减值准备，实际出售价格为 56 500 元（含税），已通过银行收回价款。

【业务 3-15】 13 日，开出转账支票，通过福利部门捐赠给中国少年儿童基金会 5 000 元，作为公益性捐赠，同时收到基金会的公益性单位接受捐赠统一收据一张。

【知识链接——公司公益性捐赠的税务处理】

所谓公益性捐赠，是指公司通过公益性社会团体或者县级以上人民政府及其部门，用于《中华人民共和国公益事业捐赠法》规定的公益事业的捐赠。公司发生的公益性捐赠支出，不超过年度利润总额 12%的部分，准予扣除。其中，年度利润总额是指公司依照国家统一会计制度的规定计算的年度会计利润。

【业务 3-16】 14 日，向美晨服装有限公司销售男士衬衣 5 000 件，每件价格为 200 元，增值税税率为 13%。为了鼓励多购商品，公司同意给予美晨服装有限公司 10%的商业折扣。商品已发出，货款已收存银行。

【知识链接——商业折扣】

商业折扣，是指公司为促进商品销售而在商品标价上给予的价格扣除。如果销售额和折扣额在同一张销售发票上注明的，可按折扣后的销售额计算收入；如果将折扣额另开发票，则不得从销售额中减除折扣额。

【业务 3-17】 14 日，发上月工资，并代扣职工个人承担的社会保险和住房公积金。

【业务 3-18】 14 日，交纳社会保险及住房公积金。

【业务 3-19】 14 日，交纳上月增值税 600 000 元、企业所得税 150 000 元，交纳上月城市维护建设税 42 000 元、教育费附加 18 000 元和地方教育费附加 12 000 元；交纳代扣的上月职工个人所得税 5 334.77 元。

【业务 3-20】 15 日，收回上月太平洋保险公司赔偿款 5 000 元（上月已入账）。

【业务 3-21】 15 日，从银行借入资金 400 000 元，借款期限为 3 年，年利率为 8.4%，所借款项已存入银行。

【业务 3-22】 15 日，向京海实业有限公司"十周年店庆"捐赠现金 2 000 元。

【知识链接——捐赠支出】

根据《中华人民共和国企业所得税法》的规定，不符合扣除规定的捐赠支出在计算应纳税所得额时不得扣除，应纳税所得额应调增。

【业务 3-23】 15 日，向荆州乐家纺织有限公司支付购货款，价税合计 299 700 元，因为在对方规定的折扣期内，享受 2%的现金折扣（不考虑增值税）。

【知识链接——现金折扣】

现金折扣是指销售方为了鼓励购买方尽快付款而提供的债务扣除。销售商品涉及现金折扣的，销售方应当按扣除现金折扣前的金额确定销售商品收入金额，现金折扣在实际发生时作为财务费用扣除。

【业务 3-24】 16 日，从昌达有限责任公司购入亚麻面料 6 000 米，每米价格为 28 元；纯棉面料 4 000 米，每米价格为 38 元。增值税税率为 13%，款项以银行存款支付，面料已入库，部分款项已于 10 日预付 。

【业务 3-25】 17 日，加工车间一台印花机送至荆州市鸿达机械设备公司修理，以现金支付修理费 565 元。

【知识链接——车间设备修理费】

《企业会计准则》规定，车间设备修理费应计入管理费用，不再计入制造费用。

【业务 3-26】 18 日，应收华鑫有限公司货款 3 000 元，该货款已逾期 5 年，因该公司经营不善，濒于倒闭，所欠账款已无法收回，经核准作为坏账处理。

【业务 3-27】 19 日，裁剪车间向精品服装制造有限公司购入一项专利技术，含税价款为 63 600 元，估计使用寿命为 10 年，款项用银行存款支付，不考虑残值。此项专利技术专门用于生产衬衣，其所包含的经济利益通过所生产的产品实现。

【业务 3-28】 20 日，公司向海泉服装商贸公司出售男士衬衣 5 000 件，单价为 150 元；女士衬衣 3 000 件，单价为 200 元。增值税税率为 13%，款项未收。

【业务 3-29】 20 日，收到第四季度银行存款利息收入 400 元，起息日为 2019 年 9 月 21 日至 2019 年 12 月 20 日（银行在每个季度 20 日对银行存款计息）。

【业务 3-30】 20 日，以银行存款支付防伪税控技术服务费 336 元。

【知识链接——增值税一般纳税人购入防伪税控系统的相关规定】

按税法有关规定,增值税一般纳税人初次购买增值税税控系统专用设备支付的费用以及以后每年交纳的技术维护费允许在增值税应纳税额中全额抵减的,应在"应交税费——应交增值税"账户下增设"减免税款"专栏,用于记录该公司按规定抵减的增值税应纳税额。

【业务 3-31】 21 日,向海泉服装商贸公司出售的男士衬衣 50 件出现严重的质量问题,购买方将问题衬衣退回公司,公司同意退货,并按规定向购买方开具了增值税专用发票(红字)。

【知识链接——销售退回】

对于未确认收入的售出商品发生的销售退回,应借记"库存商品"账户,贷记"发出商品"账户。若原发出商品时增值税纳税义务已发生,则应借记"应交税费——应交增值税(销项税额)"账户,贷记"应收账款"账户。

对于已确认收入的售出商品发生的销售退回,应当在退回时冲减退回当期销售商品收入、销售成本等。

【业务 3-32】 21 日,以现金购买办公用品。其中:打印纸 900 元,订书针 50 元,签字笔 100 元。

【业务 3-33】 22 日,在财产清查中盘亏保险片 50 片,其实际单位成本为 20 元。经查属于材料保管员张明的过失造成的,按规定由其个人赔偿 1 000 元。

【业务 3-34】 23 日,向丽阳服装商贸公司出售男士衬衣 600 件,每件价格为 150 元;出售女士衬衣 800 件,每件价格为 200 元。增值税税率为 13%。收到对方开具的银行承兑汇票一张。

【业务 3-35】 23 日,通过电汇方式支付荆州有限电视台广告费 1 060 元,收到对方开具的增值税专用发票。

【业务 3-36】 24 日,从雅美有限公司购入纽扣 1 000 袋,每袋价格为 50 元,增值税税率为 13%,采用汇票结算方式,签发银行承兑汇票一张,向开户银行申请承兑,并以银行存款支付手续费 50 元,材料已验收入库。

【业务 3-37】 26 日,收到三和服装商贸公司购买男女式衬衣的预付款 10 000 元。

【业务 3-38】 26 日,向丽发有限公司出售多余的化纤面料 100 米,每米售价为 21 元,增值税税率为 13%。收到转账支票一张,已缴存银行。

【业务 3-39】 27 日,聘请会计师事务所进行审计,支付审计费 2 000 元,取得增值税普通发票,以转账支票支付。

【业务 3-40】 28 日,计提应由本月负担的短期借款利息,年利率为 5.5%。

【知识链接——短期借款利息】

(1) 公司从银行或其他金融机构取得的短期借款利息,应在"财务费用"账户列支。

(2) 短期借款利息一般按月结算支付,公司及个人在银行的存款账户一般是按季度计算存款利息。

【业务 3-41】 28 日，以银行存款支付下一年度报刊费 7 848 元，收到对方开具的增值税专用发票。

【业务 3-42】 29 日，办公室王娜报销差旅费，原借款 1 000 元，报销 929 元，余额退回现金 71 元。取得对方开具的增值税专用发票。

【知识链接——住宿费专用发票抵扣】

对于企业取得的住宿费专票不一定允许抵扣，员工出差取得的住宿费专票可以抵扣，但是公司招待客户以及公司组织员工旅游收到的酒店自行开具的住宿费增值税专用发票即使认证相符也不得抵扣。

【业务 3-43】 29 日，用网银转账方式支付本月的 408 路公交车车体广告费用 2 000 元。尚未取得增值税专用发票。

【业务 3-44】 30 日，男士衬衣由于市场价格下跌，预计跌价 5 000 元，此商品以前未计提存货跌价准备。

【业务 3-45】 30 日，归还短期借款及本季度利息 506 875.01 元。其中，短期借款本金为 500 000 元，利息为 6 875.01 元。利息已经全部计提。

【业务 3-46】 30 日，将现金 1 200 元存入银行，填写现金缴款单。

【业务 3-47】 30 日，因职工王晓丽违反规定，罚款 10 000 元现金，款项已收到。

【业务 3-48】 31 日，将年初预付的财产保险费、报刊杂志费分配计入本期成本、费用。

【知识链接——会计部门、会计人员年末工作】

会计部门、会计人员除了每月会计要做的工作外，年终尚需做如下工作：

(1) 年终，应按权责发生制原则和配比原则，对预收收入、应计收入、预付费用和应计费用进行调整。

(2) 及时清理债权债务，核对往来账项。

(3) 做好财产清查工作，及时进行账务处理，做到账实相符。

(4) 编制现金流量表(年度报表)，做好年终会计报表上报、分析工作。

(5) 做好年终决算工作。

(6) 做好公司所得税年终汇算清缴工作。

(7) 对会计凭证、各种明细账、总账、日记账按要求装订、整理，做好会计归档保管工作。

【业务 3-49】 31 日，开出转账支票一张，支付本月电费 80 300 元和增值税 10 439 元。

【业务 3-50】 31 日，分配本月发出材料实际成本，按照月末一次加权平均法核算，单价保留 2 位小数，分配率保留 4 位小数。

【知识链接——存货发出计价】

存货按实际成本计价核算时，发出的计价方法通常有个别计价法、先进先出法、月末一次加权平均法、移动加权平均法等。

【业务 3-51】 31 日，计提 12 月份工资。

【业务 3-52】 31 日，计提公司负担的职工“五险一金”及工会经费、职工教育经费。

【知识链接——“五险一金”的计提】

“五险一金”的计提一般在月末进行。

(1) 医疗保险费、工伤保险费、生育保险费和住房公积金：公司应当按照国务院、所在地政府或公司年金计划规定的标准，计量应付职工薪酬义务和应当计入成本费用的薪酬金额。

(2) 工会经费和职工教育经费：公司应当分别按照职工工资总额的 2%和 8%的计提标准。

【业务 3-53】 31 日，采用直线法摊销无形资产，摊销年限为 10 年。

【知识链接——无形资产摊销】

(1) 无形资产摊销时间的规定。无形资产的摊销期自其达到预定可使用状态的当月起，在预计使用年限内合理摊销，处置无形资产的当月不再摊销。即当月增加的无形资产，当月开始摊销；当月减少的无形资产，当月不再摊销。

(2) 摊销的方法。无形资产摊销的方法一般包括直线法、产量法等。公司选择的无形资产摊销方法，应当能够反映与该项无形资产有关的经济利益的预期实现方式，并一致地运用于不同会计期间；无法可靠确定其预期实现方式和使用年限的，不进行摊销，但至少每年进行减值测试。

(3) 持有待售的无形资产不进行摊销，按照账面价值与公允价值减去处置费用后的净额孰低进行计量。

【业务 3-54】 31 日，计提本月固定资产折旧。会计人员应编制“固定资产折旧计算表”。

【知识链接——固定资产折旧方法】

(1) 公司计提固定资产折旧的方法通常有年限平均法、工作量法、双倍余额递减法和年数总和法。

(2) 公司应按月计提固定资产折旧。

(3) 加速折旧：根据财政部、国家税务总局的规定，2014 年 1 月 1 日起，对所有行业公司持有的单位价值不超过 5 000 元的固定资产，允许一次性计入当期成本费用，在计算应纳税所得额时扣除，不再分年度计算折旧。

【业务 3-55】 31 日，按 5‰的坏账率计提坏账准备。

【业务 3-56】 31 日，采用一次交互分配法分配机修车间和供水车间费用(分配率保留 4 位小数)。

【知识链接——辅助生产费用的分配方法】

辅助生产费用分配方法通常有直接分配法、一次交互分配法、代数分配法、计划成本分配法和顺序分配法。

【业务 3-57】 31 日，月末分配结转本月制造费用（分配率保留 4 位小数）。

【知识链接——制造费用的分配方法】

制造费用的分配方法通常有生产工时比例分配法、生产工人工资比例分配法、机器工时比例分配法和年度计划分配率法等。

在实际工作中，在将所有业务登记入账的基础上，会计人员通过查阅“制造费用”多栏式明细账，获得本期制造费用的真实数据，并在此基础上按照一定的方法分配制造费用。

【业务 3-58】 31 日，结转本月生产完工验收入库产品的生产成本（单位产品成本保留 2 位小数。本期生产两种产品，期初在产品和本期完工产品数量见期初资料）。

【业务 3-59】 31 日，结转本月销售产品的销售成本。根据“库存商品明细账”的记录和有关“库存商品出库单”，编制“主营业务成本计算单”“销售退回成本计算单”“其他业务成本计算单”（采用“月末一次加权平均法”，单价保留 2 位小数）。

【业务 3-60】 31 日，计算本期应交纳的增值税、税金及附加。

【知识链接——税金及附加】

“税金及附加”账户核算公司经营活动发生的消费税、城市维护建设税、资源税、教育费附加、房产税、土地使用税、车船税、印花税等相关税费；本业务只涉及城市维护建设税、教育费附加和地方教育费附加三项。计算公式如下：

应交城市维护建设税＝（应交增值税＋应交消费税）×7%

应交教育费附加＝（应交增值税＋应交消费税）×3%

应交地方教育费附加＝（应交增值税＋应交消费税）×2%

【业务 3-61】 31 日，将本月实现的主营业务收入、其他业务收入、营业外收入、资产处置损益转入“本年利润”账户。公司根据各账簿有关记录编制公司内部转账单。

【业务 3-62】 31 日，将本月发生的主营业务成本、其他业务成本、税金及附加、管理费用、财务费用、销售费用、营业外支出、信用减值损失、资产减值损失转入“本年利润”账户。公司根据各账簿的有关资料编制公司内部转账单。

【业务 3-63】 31 日，按本月实现利润的 25%计算本月应交所得税。会计人员根据“本年利润”账户实现的利润总额，按税收有关规定，计算本期应交所得税（不考虑纳税调整事项的影响）。

【知识链接——应交公司所得税的计算】

应交所得税的计算公式如下：

应交公司所得税额＝应纳税所得额×适用税率

应纳税所得额是根据税法规定计算确认的利润数。利润总额是根据会计制度规定计算的利润数。两者可能不一致，会计人员需要按税法规定将利润总额调整为应纳税所得额。另外，公司所得税通常按月计算，按季预缴，年终汇算清缴，多退少补。

在实际工作中，利润总额通过查阅“本年利润”明细账获得真实数据，并在此基础上按照税法规定予以调整。

【业务3-64】 31日，将所得税费用转入"本年利润"账户。公司根据各账簿的有关资料编制公司内部转账单。

【业务3-65】 31日，将全年实现的净利润结转到"利润分配——未分配利润"账户。

【业务3-66】 31日，会计人员根据本年实现的净利润，按国家会计制度有关规定及董事会决议，计算分配利润，按税后利润的10%计算提取法定盈余公积，按照净利润的5%计算提取任意盈余公积。

【业务3-67】 31日，根据董事会决议向公司投资者分配现金股利80万元。

【业务3-68】 31日，将"利润分配"明细账中其他账户余额结转到"未分配利润"明细账。

【业务3-69】 31日，编制试算平衡表。

【业务3-70】 31日，编制资产负债表、利润表和现金流量表。

【要求】 请根据上述70笔业务的经济描述，完成以下任务：

(1) 填制相关原始凭证。

(2) 手工填制记账凭证并装订。

(3) 登记总账、明细账、现金日记账和银行存款日记账。

(4) 编制试算平衡表。

(5) 编制资产负债表、利润表和现金流量表。

三、业务原始凭证

原始凭证1-6-1

追加投资协议书(节选)

协议各方：
甲方：华益股份有限公司
住所：荆州市广平路101号
乙方：盛科服装股份有限公司
住所：荆州市柳石路410号

一、增资扩股前盛科服装股份有限公司股权结构
甲方出资额为人民币1 000 000元，持有乙方20%股权。

双方本着平等自愿、公平公正原则，经友好协商，就对增资扩股事宜达成协议如下：
二、增资扩股方案
1. 方案内容
(1) 对乙方进行增资扩股，将公司注册资本增加至人民币5 219 000元。其中，新增注册资本人民币219 000元。
(2) 甲方以非货币资金方式认购新增出资额人民币219 000元(其中，缝纫机10台，共计113 000元，专利权为106 000元)。甲方认购新增出资额并交纳到位后，甲方的出资额合计为人民币1 219 000元，合计持有乙方23.4%股权。
(3) 甲方2019年起按照出资比例分享收益，承担风险。
……

各方签字盖章：

甲方：李明海　　　　乙方：于浩然
2019年12月01日　　　　2019年12月01日

华益股份有限公司　　　　盛科服装股份有限公司

原始凭证 1-6-2

湖北省增值税专用发票

4210164620
23215963

4210164620　　　　**抵 扣 联**　　　　№ 23215963

开票日期：2019 年 12 月 01 日

购买方	名称：盛科服装股份有限公司 纳税人识别号：914210011567H412T3 地址、电话：荆州市柳石路 410 号　0716-3979905 开户行及账号：中国工商银行荆州分行　252-69014925	密码区	<458-265>+545110444140256210 S454-+>4521<<541001250-+>400 <<558000-<212500180<4151240- >++545<>++>4521<<54100125580

货物或应税劳务、服务名称	规格型号	单位	数量	单价	金额	税率	税额
缝纫机		台	10	10000.00	100000.00	13%	13000.00
合　计					¥100000.00		¥13000.00
价税合计（大写）	⊗ 壹拾壹万叁仟元整						（小写）¥113000.00

销售方	名称：华益股份有限公司 纳税人识别号：914210011619T821G3 地址、电话：荆州市广平路 101 号　0716-2673090 开户行及账号：中国建设银行荆州南江分理处　838-73425813	备注	华益股份有限公司 914210011619T821G3 发票专用章

收款人：　　　复核：　　　开票人：徐青　　　销售方：（章）

第二联：抵扣联　购买方抵扣凭证

原始凭证 1-6-3

湖北省增值税专用发票

4210164620
23215963

4210164620　　　　**发 票 联**　　　　№ 23215963

开票日期：2019 年 12 月 01 日

购买方	名称：盛科服装股份有限公司 纳税人识别号：914210011567H412T3 地址、电话：荆州市柳石路 410 号　0716-3979905 开户行及账号：中国工商银行荆州分行　252-69014925	密码区	<458-265>+545110444140256210 S454-+>4521<<541001250-+>400 <<558000-<212500180<4151240- >++545<>++>4521<<54100125580

货物或应税劳务、服务名称	规格型号	单位	数量	单价	金额	税率	税额
缝纫机		台	10	10000.00	100000.00	13%	13000.00
合　计					¥100000.00		¥13000.00
价税合计（大写）	⊗ 壹拾壹万叁仟元整						（小写）¥113000.00

销售方	名称：华益股份有限公司 纳税人识别号：914210011619T821G3 地址、电话：荆州市广平路 101 号　0716-2673090 开户行及账号：中国建设银行荆州南江分理处　838-73425813	备注	华益股份有限公司 914210011619T821G3 发票专用章

收款人：　　　复核：　　　开票人：徐青　　　销售方：（章）

第三联：发票联　购买方记账凭证

原始凭证 1-6-4

固定资产验收单

2019 年 12 月 01 日

固定资产名称	数量	单位	原值	预计使用年限	折旧率	购入单位
缝纫机	10	台	100 000.00	10 年	10%	生产部门

使用部门负责人：张良　　　　　　验收人：王丹

原始凭证 1-6-5

湖北省增值税专用发票

4210164620
23215964

4210164620　　　　**抵扣联**　　　　№ 23215964

开票日期：2019 年 12 月 01 日

购买方	名称：盛科服装股份有限公司 纳税人识别号：914210011567H412T3 地址、电话：荆州市柳石路 410 号　0716-3979905 开户行及账号：中国工商银行荆州分行　252-69014925	密码区	<458-265>+54511044414025621OS4 54-+>4521<<541001250-+>400<<55 8000-<212500180<4151240->++545 <>++>4521<<5410012558000-<2

货物或应税劳务、服务名称	规格型号	单位	数量	单价	金额	税率	税额
专利权			1	100000.00	100000.00	6%	6000.00
合　计					¥100000.00		¥6000.00
价税合计（大写）	⊗ 壹拾万零陆仟元整					（小写）	¥106000.00

销售方	名称：华益股份有限公司 纳税人识别号：914210011619T821G3 地址、电话：荆州市广平路 101 号　0716-2673090 开户行及账号：中国建设银行荆州南江分理处　838-73425813	备注	华益股份有限公司 914210011619T821G3 发票专用章

收款人：　　　　复核：　　　　开票人：徐青　　　　销售方：（章）

第二联：抵扣联　购买方抵扣凭证

原始凭证 1-6-6

湖北省增值税专用发票

全国统一发票监制章 国家税务总局 湖北省税务局

发票联

4210164620
23215964

4210164620　　№ 23215964

开票日期：2019 年 12 月 01 日

购买方	名称：盛科服装股份有限公司 纳税人识别号：914210011567H412T3 地址、电话：荆州市柳石路 410 号　0716-3979905 开户行及账号：中国工商银行荆州分行　252-69014925	密码区	<458-265>+545110444140256210S4 54-+>4521<<541001250-+>400<<55 8000-<212500180<4151240->++545 <>++>4521<<5410012558000-<2

货物或应税劳务、服务名称	规格型号	单位	数量	单价	金额	税率	税额
专利权			1	100000.00	100000.00	6%	6000.00
合　计					¥100000.00		¥6000.00
价税合计（大写）	⊗ 壹拾万零陆仟元整				（小写）¥106000.00		

销售方	名称：华益股份有限公司 纳税人识别号：914210011619T821G3 地址、电话：荆州市广平路 101 号　0716-2673090 开户行及账号：中国建设银行荆州南江分理处　838-73425813	备注	华益股份有限公司 914210011619T821G3 发票专用章

收款人：　　复核：　　开票人：徐青　　销售方：（章）

第三联：发票联　购买方记账凭证

原始凭证 2-2-1

收　　据

2019 年 12 月 01 日　　№ 3906612

交款单位宏达股份有限公司　收款方式银行转账

人民币(大写)肆拾万元整　(小写)¥400 000.00

收款事由追加投资款

盛科服装股份有限公司 ★ 财务专用章

经办人：　　出纳：刘敏　　审核：　　记账：　　财会主管：　　单位盖章：

原始凭证 2-2-2

银行进账单（收款通知）　③

2019 年 12 月 01日

出票人	全称	宏达股份有限公司	收款人	全称	盛科服装股份有限公司
	账号	669—88966712		账号	252-69014925
	开户行	中国农业银行荆州分行		开户行	中国工商银行荆州分行

金额	千	百	十	万	千	百	十	元	角	分
人民币(大写)肆拾万元整		¥	4	0	0	0	0	0	0	0

票据种类	转账支票
票据张数	1 张

单位主管：　会计：　复核：　记账：

中国工商银行股份有限公司荆州分行 2019-12-01 转账 转讫

收款人开户银行盖章

审核：　复核：　经办：　（单位预留印鉴）

此联是收款人开户银行交给收款人的收账通知

原始凭证 3-2-1

湖北省增值税专用发票

全国统一发票监制章 国家税务总局 湖北省税务局

4210164620　　4210164620

02314064

此联不作报销、扣税凭证使用　　№ 02314064

开票日期：2019 年 12 月 02 日

购买方	名称：华阳有限责任公司 纳税人识别号：9142100126579S4F82 地址、电话：荆州市永川路 322 号　0716-2675833 开户行及账号：中国建设银行荆州永川路分理处　838-88966588	密码区	<458-265>+5451104441402562l0S4 54-+>4521<<541001250-+>400<<55 8000-<212500180<4151240->++545 <>++>4521<<5410012558000-<2

货物或应税劳务、服务名称	规格型号	单位	数量	单价	金额	税率	税额
出租商标权			1	1200.00	1200.00	6%	72.00
合计					¥1200.00		¥72.00
价税合计（大写）	⊗ 壹仟贰佰柒拾贰元整				（小写）¥1272.00		

销售方	名称：盛科服装股份有限公司 纳税人识别号：914210011567H412T3 地址、电话：荆州市柳石路 410 号　0716-3979905 开户行及账号：中国工商银行荆州分行　252-69014925	备注	

收款人：　复核：　开票人：刘敏　销售方：（章）

第一联：记账联　销售方记账凭证

原始凭证 3-2-2

银行进账单（收款通知） ③

2019 年 12 月 02日

出票人	全称	华阳有限责任公司	收款人	全称	盛科服装股份有限公司
	账号	669—88966588		账号	252-69014925
	开户行	中国建设银行荆州永川路分理处		开户行	中国工商银行荆州分行
金额	人民币(大写)壹仟贰佰柒拾贰元整			千百十万千百十元角分	¥127200
票据种类	转账支票				
票据张数	1 张				
单位主管： 会计： 复核： 记账：				收款人开户银行盖章	

中国工商银行股份有限公司 荆州分行 2019-12-02 转 账 转 讫

审核： 复核： 经办： （单位预留印鉴）

此联是收款人开户银行交给收款人的收账通知

原始凭证 4-1-1

中国工商银行 贷款转存凭证（进账通知） 0056789

2019 年 12 月04日 贷款种类：短期

借款人	全称	盛科服装股份有限公司	收款人	全称	盛科服装股份有限公司
	账号	252-69014925		账号	252-69014925
	开户银行	中国工商银行荆州分行		开户银行	中国工商银行荆州分行
金额	（币种）人民币壹拾万元整			亿千百十万千百十元角分	¥10000000

中国工商银行荆州分行 2019-12-04 业务专用章

委托你行将上述款项金额转存/支付业务主管：李想 合同号：67897678

中国工商银行荆州分行存款户经办人：赵敏

借款人（盖章）（信贷部盖章）

原始凭证 5-3-1

湖北省增值税专用发票

抵扣联

4210164620

4210164620
53210978

№ 53210978

开票日期：2019 年 12 月 05 日

购买方	名称：盛科服装股份有限公司 纳税人识别号：914210011567H412T3 地址、电话：荆州市柳石路 410 号　0716-3979905 开户行及账号：中国工商银行荆州分行　252-69014925	密码区	<458-265>+5451104441402562l0S4 54-+>4521<<541001250-+>400<<55 8000-<212500180<4151240->++545 <>++>4521<<5410012558000-<2

货物或应税劳务、服务名称	规格型号	单位	数量	单价	金额	税率	税额
亚麻面料		米	5000	30.00	150000.00	13%	19500.00
纯棉面料		米	3000	40.00	120000.00	13%	15600.00
合　计					¥270000.00		¥35100.00
价税合计（大写）	⊗叁拾万伍仟壹佰元整					（小写）¥305100.00	

销售方	名称：荆州市乐家纺织有限公司 纳税人识别号：914210013908EH15R6 地址、电话：荆州市北站路 100 号　0716-2866345 开户行及账号：中国工商银行荆州北站路分理处　252-23677178	备注	荆州市乐家纺织有限公司 914210013907EH15R6 发票专用章

收款人：　　复核：　　开票人：张含　　销售方：（章）

第二联：抵扣联　购买方抵扣凭证

原始凭证 5-3-2

湖北省增值税专用发票

发票联

4210164620

4210164620
02314064

№ 53210978

开票日期：2019 年 12 月 05 日

购买方	名称：盛科服装股份有限公司 纳税人识别号：914210011567H412T3 地址、电话：荆州市柳石路 410 号　0716-3979905 开户行及账号：中国工商银行荆州分行　252-69014925	密码区	<458-265>+5451104441402562l0S4 54-+>4521<<541001250-+>400<<55 8000-<212500180<4151240->++545 <>++>4521<<5410012558000-<2

货物或应税劳务、服务名称	规格型号	单位	数量	单价	金额	税率	税额
亚麻面料		米	5000	30.00	150000.00	13%	19500.00
纯棉面料		米	3000	40.00	120000.00	13%	15600.00
合　计					¥270000.00		¥35100.00
价税合计（大写）	⊗叁拾万伍仟壹佰元整					（小写）¥305100.00	

销售方	名称：荆州市乐家纺织有限公司 纳税人识别号：914210013908EH15R6 地址、电话：荆州市北站路 100 号　0716-2866345 开户行及账号：中国工商银行荆州北站路分理处　252-23677178	备注	荆州市乐家纺织有限公司 914210013907EH15R6 发票专用章

收款人：　　复核：　　开票人：张含　　销售方：（章）

第三联：发票联　购买方记账凭证

原始凭证 5-3-3

原材料入库单

供应单位：　　　　　　　　　　年　　月　　日

材料名称	单位	数量		实际成本		
		应收	实收	买价	采购费用	总成本(合计)
合计						

主管：　　　　会计：　　　　收货：　　　　采购：　　　　制单：

原始凭证 6-4-1

湖北省增值税专用发票

4210164620
37610922

4210164620

国家税务总局
湖北省税务局

抵扣联

№ 37610922

开票日期：2019 年 12 月 07 日

购买方	名称：盛科服装股份有限公司 纳税人识别号：914210011567H412T3 地址、电话：荆州市柳石路 410 号　0716-3979905 开户行及账号：中国工商银行荆州分行　252-69014925	密码区	<458-265>+54511044414025621OS4 54-+>4521<<541001250-+>400<<55 8000-<212500180<4151240->++545 <>++>4521<<5410012558000-<2

货物或应税劳务、服务名称	规格型号	单位	数量	单价	金额	税率	税额
包装箱		个	2000	25.00	50000.00	13%	6500.00
包装袋		个	5000	1.50	7500.00	13%	975.00
合　计					¥57500.00		¥7475.00
价税合计（大写）	⊗ 陆万肆仟玖佰柒拾伍元整						（小写）¥64975.00

销售方	名称：华龙有限公司 纳税人识别号：9142100139035MYU26 地址、电话：荆州市莲花路 320 号　0716-2860588 开户行及账号：中国工商银行荆州莲花路分理　252-23646828	备注	华龙有限公司 9142100139035MYU26 发票专用章

收款人：　　　　复核：　　　　开票人：李丽　　　　销售方：（章）

第二联：抵扣联　购买方抵扣凭证

原始凭证 6-4-2

湖北省增值税专用发票

4210164620
37610922

4210164620

发票联

№ 37610922

开票日期：2019 年 12 月 07 日

购买方	名称：盛科服装股份有限公司 纳税人识别号：914210011567H412T3 地址、电话：荆州市柳石路 410 号 0716-3979905 开户行及账号：中国工商银行荆州分行 252-69014925	密码区	<458-265>+545110444140256210S4 54-+>4521<<541001250-+>400<<55 8000-<212500180<4151240->++545 <>++>4521<<5410012558000-<2

货物或应税劳务、服务名称	规格型号	单位	数量	单价	金额	税率	税额
包装箱		个	2000	25.00	50000.00	13%	6500.00
包装袋		个	5000	1.50	7500.00	13%	975.00
合 计					¥57500.00		¥7475.00
价税合计（大写）	⊗ 陆万肆仟玖佰柒拾伍元整				（小写）¥64975.00		

销售方	名称：华龙有限公司 纳税人识别号：9142100139035MYU26 地址、电话：荆州市莲花路 320 号 0716-2860588 开户行及账号：中国工商银行荆州莲花路分理 252-23646828	备注	华龙有限公司 9142100139035MYU26 发票专用章

收款人： 复核： 开票人：李丽 销售方：（章）

第三联：发票联 购买方记账凭证

原始凭证 6-4-3

原材料入库单

供应单位： 年 月 日

材料名称	单位	数量		实际成本		
		应收	实收	买价	采购费用	总成本(合计)
合计						

主管： 会计： 收货： 采购： 制单：

原始凭证 6-4-4

银行承兑汇票 2

31300051
21401272

出票日期（大写） 贰零壹玖年 零壹拾贰月 零柒日

出票人全称	盛科服装股份有限公司	收款人	全称	华龙有限公司
出票人账号	252-69014925		账号	252-23646828
付款行全称	中国工商银行荆州分行		开户银行	中国工商银行荆州莲花支行
出票金额	人民币大写：陆万肆仟玖佰柒拾伍元整		亿千百十万千百十元角分	￥6497500
汇票到期日（大写）	贰零贰零年零叁月零柒日	付款行	行号	
承兑协议编号			地址	
本汇票请你行承兑，到期无条件支付票款 盛科服装股份有限公司 财务专用章 出票人签章		本汇票已经承兑，到期日由本行付款 中国工商银行股份有限公司 汇票专用章 承兑行签章 承兑日期 年 月 日 备注：		复核 记账

原始凭证 7-1-1

借 款 单

借款理由：			
金额合计（大写）：		小写金额：	
借款人（签章）：		日期： 现金付讫	
单位领导批示： 同意。 王浩然	部门领导意见： 同意。 吴学年	财务负责人意见： 同意。 王华	备注：

原始凭证 8-2-1

湖北省增值税专用发票

4210164620　　　　　　　　　　　　4210164620
02314065

此联不作报销、扣税凭证使用　　№ 02314065

开票日期：2019 年 12 月 09 日

购买方	名称：艺龙股份有限公司 纳税人识别号：91421001265P86HM34 地址、电话：荆州市金川路 588 号　0716-2675673 开户行及账号：中国建设银行荆州金川路分理处　838-88942885	密码区	<458-265>+54511044140256210S4 54-+>4521<<541001250-+>400<<55 8000-<212500180<4151240->++545 <>++>4521<<5410012558000-<2

货物或应税劳务、服务名称	规格型号	单位	数量	单价	金额	税率	税额
女士衬衣		件	6000	200.00	1200000.00	13%	156000.00
男士衬衣		件	4000	150.00	600 000.00	13%	78000.00
合　计					¥1800000.00		¥234000.00
价税合计（大写）	⊗贰佰零叁万肆仟元整						（小写）¥2034000.00

销售方	名称：盛科服装股份有限公司 纳税人识别号：914210011567H412T3 地址、电话：荆州市柳石路 410 号　0716-3979905 开户行及账号：中国工商银行荆州分行　252-69014925	备注	

收款人：　　　　复核：　　　　开票人：刘敏　　　　销售方：（章）

第一联：记账联　销售方记账凭证

原始凭证 8-2-2

出　库　单

提货部门：　　　　　　年　　月　　日

品名	规格	单位	数量
合计			

会计主管：　　　　　　库管：　　　　　　提货人：

原始凭证 9-3-1

湖北省增值税专用发票

4210164620
34764622

4210164620

抵扣联

№ 34764622

开票日期：2019 年 12 月 10 日

购买方	名称：盛科服装股份有限公司 纳税人识别号：914210011567H412T3 地址、电话：荆州市柳石路 410 号 0716-3979905 开户行及账号：中国工商银行荆州分行 252-69014925	密码区	<458-265>+545110444140256210S4 54-+>4521<<541001250-+>400<<55 8000-<212500180<4151240->++545 <>++>4521<<5410012558000-<2

货物或应税劳务、服务名称	规格型号	单位	数量	单价	金额	税率	税额
化纤面料		米	10000	25.00	250000.00	13%	32500.00
合 计					¥250000.00		¥32500.00
价税合计（大写）	⊗贰拾捌万贰仟伍佰元整				（小写）¥282500.00		

销售方	名称：丽人有限责任公司 纳税人识别号：914210013936G28CL4 地址、电话：荆州市西环路 272 号 0716-2937452 开户行及账号：中国农业银行荆州西环路分理处 669-5782943	备注	丽人有限责任公司 914210013936G28CL4 发票专用章

收款人： 复核： 开票人：张霞 销售方：（章）

第二联：抵扣联 购买方抵扣凭证

原始凭证 9-3-2

湖北省增值税专用发票

4210164620
34764622

4210164620

发票联

№ 34764622

开票日期：2019 年 12 月 10 日

购买方	名称：盛科服装股份有限公司 纳税人识别号：914210011567H412T3 地址、电话：荆州市柳石路 410 号 0716-3979905 开户行及账号：中国工商银行荆州分行 252-69014925	密码区	<458-265>+545110444140256210S4 54-+>4521<<541001250-+>400<<55 8000-<212500180<4151240->++545 <>++>4521<<5410012558000-<2

货物或应税劳务、服务名称	规格型号	单位	数量	单价	金额	税率	税额
化纤面料		米	10000	25.00	250000.00	13%	32500.00
合 计					¥250000.00		¥32500.00
价税合计（大写）	⊗贰拾捌万贰仟伍佰元整				（小写）¥282500.00		

销售方	名称：丽人有限责任公司 纳税人识别号：914210013936G28CL4 地址、电话：荆州市西环路 272 号 0716-2937452 开户行及账号：中国农业银行荆州西环路分理处 669-5782943	备注	丽人有限责任公司 914210013936G28CL4 发票专用章

收款人： 复核： 开票人：张霞 销售方：（章）

第三联：发票联 购买方记账凭证

原始凭证 9-3-3

中国工商银行
转账支票存根
WQV00960218
附加信息

出票日期：2019 年 12 月 10 日

收款人：	丽人公司
金　额：	¥282 500.00
用　途：	支付材料款

单位主管　　　　会计

原始凭证 10-1-1

中国工商银行
转账支票存根
WQV00960218
附加信息：

出票日期：2019 年 12 月 10 日

收款人：	昌达织品有限公司
金　额：	¥5 000.00
用　途：	预付材料款

单位主管　　　　会计

原始凭证 11-3-1

湖北省增值税专用发票

国家税务总局 湖北省税务局

4210164620
34729402

4210164620

抵 扣 联

№ 34729402

开票日期：2019 年 12 月 11 日

购买方	名称：盛科服装股份有限公司 纳税人识别号：914210011567H412T3 地址、电话：荆州市柳石路 410 号　0716-3979905 开户行及账号：中国工商银行荆州分行　252-69014925	密码区	<458-265>+5451104441402562l0S4 54-+>4521<<541001250-+>400<<55 8000-<212500180<4151240->++545 <>++>4521<<5410012558000-<2

货物或应税劳务、服务名称	规格型号	单位	数量	单价	金额	税率	税额
自动裁床		台	1	300000.00	300000.00	13%	39000.00
合　计					¥300000.00		¥39000.00
价税合计（大写）	⊗叁拾叁万玖仟元整						（小写）¥339000.00

销售方	名称：安和股份有限公司 纳税人识别号：91421001936L34ET64 地址、电话：荆州市人民路 48 号　0716-7827433 开户行及账号：中国农业银行荆州人民路分理处　669-3957943	备注	安和股份有限公司 91421001936L34ET64 发票专用章

收款人：　　复核：　　开票人：刘涛　　销售方：（章）

第二联：抵扣联　购买方抵扣凭证

原始凭证 11-3-2

湖北省增值税专用发票

国家税务总局 湖北省税务局

4210164620
34729402

4210164620

发 票 联

№ 34729402

开票日期：2019 年 12 月 11 日

购买方	名称：盛科服装股份有限公司 纳税人识别号：914210011567H412T3 地址、电话：荆州市柳石路 410 号　0716-3979905 开户行及账号：中国工商银行荆州分行　252-69014925	密码区	<458-265>+5451104441402562l0S4 54-+>4521<<541001250-+>400<<55 8000-<212500180<4151240->++545 <>++>4521<<5410012558000-<2

货物或应税劳务、服务名称	规格型号	单位	数量	单价	金额	税率	税额
自动裁床		台	1	300000.00	300000.00	13%	39000.00
合　计					¥300000.00		¥39000.00
价税合计（大写）	⊗叁拾叁万玖仟元整						（小写）¥339000.00

销售方	名称：安和股份有限公司 纳税人识别号：91421001936L34ET64 地址、电话：荆州市人民路 48 号　0716-7827433 开户行及账号：中国农业银行荆州人民路分理处　669-3957943	备注	安和股份有限公司 91421001936L34ET64 发票专用章

收款人：　　复核：　　开票人：刘涛　　销售方：（章）

第三联：发票联　购买方记账凭证

原始凭证 11-3-3

商业承兑汇票 2

出票日期（大写） 贰零壹玖年 零壹拾贰月 零壹拾壹日

出票人全称	盛科服装股份有限公司	收款人	全　　称	安和股份有限公司
出票人账号	252-69014925		账　　号	669-3957943
付款行全称	中国工商银行荆州分行		开户银行	中国农业银行荆州人民路分理处
出票金额	人民币大写 叁拾叁万玖仟元整		亿千百十万千百十元角分	¥339000.00
汇票到期日（大写）	贰零贰零年零叁月壹拾壹日	付款行	行　号	
承兑协议编号			地　址	
本汇票已经承兑，到期无条件支付票款 承兑日期　　年　月　日		本汇票请予以承兑，到期日付款 出票人签章 备注：		复核 记账

[盖章：盛科服装股份有限公司 财务专用章] [盖章：中国农业银行股份有限公司 汇票专用章]

原始凭证 12-2-1

固定资产验收单

2019 年 12 月 12 日

固定资产名称	数量	单位	价值	预计使用年限	折旧率	购入单位
自动裁床	1	台	301 000.00	10 年	10%	生产部门

使用部门负责人：张良　　　　验收人：王丹

原始凭证 12-2-2

收　据

2019 年 12 月 12 日　　　　№ 3906612

交款单位盛科服装股份有限公司　　　收款方式现金

人民币（大写）壹仟元整　（小写）¥1 000.00

收款事由安装费

[盖章：现金付讫]

收款人王超

经办人：　出纳：李明　审核：　记账：　财会主管：　单位盖章：

原始凭证 13-2-1

收　据

2019 年 12 月 12 日　　　　№ 3906613

交款单位丽春股份有限公司　　　收款方式银行转账

人民币（大写）贰拾万元整　（小写）¥200 000.00

收款事由违约金

盛科服装股份有限公司
财务专用章

经办人：　　出纳：刘敏　　审核：　　记账：　　财会主管：　　单位盖章：

原始凭证 13-2-2

银行进账单（收款通知）　③

2019 年 12 月 12 日

<table>
<tr><td rowspan="3">出票人</td><td>全称</td><td colspan="2">丽春股份有限公司</td><td rowspan="3">收款人</td><td>全称</td><td colspan="10">盛科服装股份有限公司</td></tr>
<tr><td>账号</td><td colspan="2">669-88384612</td><td>账号</td><td colspan="10">252-69014925</td></tr>
<tr><td>开户行</td><td colspan="2">中国农业银行荆州中山路分理处</td><td>开户行</td><td colspan="10">中国工商银行荆州分行</td></tr>
<tr><td rowspan="2">金额</td><td colspan="5" rowspan="2">人民币(大写)贰拾万元整</td><td>千</td><td>百</td><td>十</td><td>万</td><td>千</td><td>百</td><td>十</td><td>元</td><td>角</td><td>分</td></tr>
<tr><td></td><td>¥</td><td>2</td><td>0</td><td>0</td><td>0</td><td>0</td><td>0</td><td>0</td><td>0</td></tr>
<tr><td colspan="2">票据种类</td><td colspan="2">转账支票</td><td colspan="12" rowspan="3">中国工商银行股份有限公司
荆州分行
2019-12-12
转　账
转讫
收款人开户银行盖章</td></tr>
<tr><td colspan="2">票据张数</td><td colspan="2">1 张</td></tr>
<tr><td colspan="4">单位主管：　　会计：　　复核：　　记账：</td></tr>
</table>

此联是收款人开户银行交给收款人的收账通知

审核：　　复核：　　经办：　　（单位预留印鉴）

原始凭证 14-3-1

湖北省增值税专用发票

（统一发票监制 国家税务总局 湖北省税务局）

4210164620
02314066

4210164620

此联不作报销、扣税凭证使用　　№ 02314066

开票日期：2019 年 12 月 13 日

购买方	名称：鑫马有限责任公司 纳税人识别号：914210012658FA634N 地址、电话：荆州市凤凰路 58 号　0716-7395673 开户行及账号：中国建设银行荆州凤凰路分理处　838-88949275	密码区	<458-265>+545110444140256210S4 54-+>4521<<541001250-+>400<<55 8000-<212500180<4151240->++545 <>++>4521<<5410012558000-<2

货物或应税劳务、服务名称	规格型号	单位	数量	单价	金额	税率	税额
运输车		辆	1	50000.00	50000.00	13%	6500.00
合　计					¥50000.00		¥6500.00
价税合计（大写）	⊗伍万陆仟伍佰元整				（小写）¥56500.00		

销售方	名称：盛科服装股份有限公司 纳税人识别号：914210011567H412T3 地址、电话：荆州市柳石路 410 号　0716-3979905 开户行及账号：中国工商银行荆州分行　252-69014925	备注	

收款人：　　复核：　　开票人：刘敏　　销售方：（章）

第一联：记账联　销售方记账凭证

原始凭证 14-3-2

银行进账单（收款通知）　③

2019 年 12 月 13 日

出票人	全称	鑫马有限责任公司	收款人	全称	盛科服装股份有限公司
	账号	838-88949275		账号	252-69014925
	开户行	中国建设银行荆州凤凰路分理处		开户行	中国工商银行荆州分行

金额	千	百	十	万	千	百	十	元	角	分
人民币(大写)伍万陆仟伍佰元整			¥	5	6	5	0	0	0	0

票据种类	转账支票	中国工商银行股份有限公司 荆州分行 2019-12-13 转　账 转讫
票据张数	1 张	
单位主管：　会计：　复核：　记账：		收款人开户银行盖章

审核：　　复核：　　经办：　　（单位预留印鉴）

此联是收款人开户银行交给收款人的收账通知

原始凭证 14-3-3

固定资产处置申请审批表

资产名称	运输车	规格型号	威铃
构建（或出厂）年月	2018.04	数量	1 辆
全部使用年限	4年	已使用年限	1.67年
开始使用年月	2018.04.06	停止使用日期	2019.12.13
账面原值	60 000.00	累计折旧	22 500.00
申请处置理由	载量小，需购置新车		
申请部门	运输部门	申请人	王猛
审批意见	固定资产管理部门 同意 签字：李强 日期　2019.12.13	财务部门 同意 签字：王华 日期　2019.12.13	总经理 同意 签字：李新 日期　2019.12.13

原始凭证 15-2-1

中国工商银行
转账支票存根
WQV00960218

附加信息：

出票日期：2019 年 12 月 13 日

收款人：	中国少年儿童基金会
金　额：	¥5 000.00
用　途：	公益性捐赠

单位主管　　　　会计

原始凭证 15-2-2

收　　据

2019 年 12 月 13 日　　　　№ 3906612

交款单位盛科服装股份有限公司　　　　收款方式银行转账

人民币（大写）伍仟元整　　（小写）¥5 000.00

收款事由公益性捐赠款

中国少年儿童基金会 财务专用章

经办人：　　出纳：赵信　　审核：　　记账：　　财会主管：　　单位盖章：

原始凭证 16-3-1

湖北省增值税专用发票

4210164620

此联不作报销、扣税凭证使用

4210164620
02314067

№ 02314067

开票日期：2019 年 12 月 14 日

购买方	名称：美晨服装有限公司 纳税人识别号：914210012654D95HK7 地址、电话：荆州市学苑路 58 号　0716-7384766 开户行及账号：中国银行荆州学苑路分理处　723-88949275	密码区	<458-265>+545110444140256210S4 54-+>4521<<541001250-+>400<<55 8000-<212500180<4151240->++545 <>++>4521<<5410012558000-<2

货物或应税劳务、服务名称	规格型号	单位	数量	单价	金额	税率	税额
男士衬衣		件	5000	200.00	1000000.00	13%	130000.00
（10%折扣）					-100000.00	13%	-13000.00
合　计					¥900000.00		¥117000.00
价税合计（大写）	⊗壹佰零壹万柒仟元整				（小写）¥1017000.00		

销售方	名称：盛科服装股份有限公司 纳税人识别号：914210011567H412T3 地址、电话：荆州市柳石路 410 号　0716-3979905 开户行及账号：中国工商银行荆州分行　252-69014925	备注	盛科服装股份有限公司 914210011567H412T3 发票专用章

收款人：　　复核：　　开票人：刘敏　　销售方：（章）

第一联：记账联　销售方记账凭证

原始凭证 16-3-2

银行进账单（收款通知） ③

2019 年 12 月 14 日

出票人	全称	美晨服装有限公司	收款人	全称	盛科服装股份有限公司
	账号	723-88949275		账号	252-69014925
	开户行	中国银行荆州学苑路分理处		开户行	中国工商银行荆州分行

金额	人民币（大写）壹佰零壹万柒仟元整	千	百	十	万	千	百	十	元	角	分
		¥	1	0	1	7	0	0	0	0	0

票据种类	转账支票
票据张数	1 张

单位主管： 会计： 复核： 记账：

中国工商银行股份有限公司
荆州分行
2019-12-14
转 账
转讫

收款人开户银行盖章

此联是收款人开户银行交给收款人的收账通知

审核： 复核： 经办： （单位预留印鉴）

原始凭证 16-3-3

出 库 单

提货部门： 年 月 日

品名	规格	单位	数量
合计			

会计主管： 库管： 提货人：

原始凭证 17-2-1

工资发放明细表

2019 年 11 月

部门	人员类别	姓名	基本工资	岗位津贴	奖金	加班费	病假	事假	应发合计	住房公积金 12%	医疗保险 2%+6	失业保险 1%	养老保险 8%	代扣税	扣款合计	实付职工薪酬
基本生产车间	男士衬衣生产工人（100 人）	赵晓燕	3 000	300	800	180			4 280	513.60	91.60	42.80	342.40	0.00	990.40	3 289.60
		王　彬	3 100	290	980	200	50	100	4 420	530.40	94.40	44.20	353.60	0.00	1 022.60	3 397.40
		……														
小　计			301 500	30 150	80 000	16 650	300		428 000	51 360.00	9 160.00	4 280.00	34 240.00	0.00	99 040.00	328 960.00
基本生产车间	女士衬衣生产工人（150 人）	王　兰	2 900	260	650	100		100	3 810	457.20	82.20	38.10	304.80	0.00	882.30	2 927.70
		刘之琪	3 000	270	600	110	100		3 880	·465.60	83.60	38.80	310.40	0.00	898.40	2 981.60
		……														
小　计			440 000	40 200	100 000	15 100	500	800	594 000	71 280.00	12 780.00	5 940.00	47 520.00	0.00	137 520.00	456 480.00
基本生产车间	裁剪车间管理人员	李　东	3 100	350	1 800	150		200	5 200	624.00	110.00	52.00	416.00	0.00	1 202.00	3 998.00
		李文峰	3 600	350	2 000	120	100		5 970.00	716.40	125.40	59.70	477.60	0.00	1 379.10	4 590.90
		张　华	3 800	350	1 600	180		100	5 830	699.60	122.60	58.30	466.40	0.00	1 346.90	4 483.10
		刘　青	3 500	350	1 400	210	100		5 360	643.20	113.20	53.60	428.80	0.00	1 238.80	4 121.20
小　计			14 000	1 400	6 800	660	200	300	22 360	2 683.20	471.20	223.60	1 788.80	0.00	5 166.80	17 193.20
基本生产车间	加工车间管理人员	刘　阳	3 500	350	1 800	150			5 800	696.00	122.00	58.00	464.00	0.00	1 340.00	4 460.00
		李　诚	3 600	350	2 000	120		200	5 870	704.40	123.40	58.70	469.60	0.00	1 356.10	4 513.90
		张华男	3 400	350	1 600	180	100		5 430	651.60	114.60	54.30	434.40	0.00	1 254.90	4 175.10
		刘成功	3 500	350	1 400	210			5 460	655.20	115.20	54.60	436.80	0.00	1 261.80	4 198.20
小　计			14 000	1 400	6 800	660	100	200	22 560	2 707.20	475.20	225.60	1 804.80	0.00	5 212.80	17 347.20

（续表）

部门	人员类别	姓名	基本工资	岗位津贴	奖金	加班费	病假	事假	应发合计	住房公积金 12%	医疗保险 2%+6	失业保险 1%	养老保险 8%	代扣税	扣款合计	实付职工薪酬
基本生产车间	质检车间管理人员	张东生	3 800	350	1 800	150			6 100	732.00	128.00	61.00	488.00	0.00	1 409.00	4 691.00
		李北辰	3 600	350	2 000	180			6 130	735.60	128.60	61.30	490.40	0.00	1 415.90	4 714.10
		刘玉华	3 300	350	1 600	180		200	5 230	627.60	110.60	52.30	418.40	0.00	1 208.90	4 021.10
		潘金花	3 300	350	1 600	120	50		5 320	638.40	112.40	53.20	425.60	0.00	1 229.60	4 090.40
		张青山	3 500	350	1 400	240			5 490	658.80	115.80	54.90	439.20	0.00	1 268.70	4 221.30
小计			17 500	1 750	8 400	870			28 520	3 422.40	595.40	285.20	2 281.60	0.00	6 584.60	21 935.40
辅助车间	机修车间管理人员（10）	李明	4 000	400	2 100	360			6 860	823.20	143.20	68.60	548.80	8.29	1 592.09	5 267.91
		赵中盛	3 800	350	2 000	600	50		6 700	804.00	140.00	67.00	536.00	4.59	1 551.59	5 148.41
		……														
小计			40 000	4 000	21 000	5 500	50	300	70 150	8 418.00	1 463.00	701.50	5 612.00	60.85	16 255.35	53 894.65
辅助车间	供水车间管理人员（15）	王倩楠	4 000	400	2 100	360			6 860	823.20	143.20	68.60	548.80	8.29	1 592.09	5 267.91
		刘青云	3 800	350	2 000	600	50		6 700	804.00	140.00	67.00	536.00	4.59	1 551.59	5 148.41
		……														
小计			45 000	4 500	35 000	6 000	200	550	89 750	10 770.00	1 885.00	897.50	7 180.00	90.00	20 822.50	68 927.50
办公室	管理人员（25人）	于浩然	4 100	380	5 000	3 600	50		13 030	1 563.60	266.60	130.30	1 042.40	292.71	3 295.61	9 734.39
		刘元	3 800	390	4 800	3 500		200	12 290	1 474.80	251.80	122.90	983.20	235.73	3 068.43	9 221.57
		张岳明	3 900	400	4 900	3 400	100		12 500	1 500.00	256.00	125.00	1 000.00	251.90	3 132.90	9 367.10
		王娜	4 000	390	5 200	3 500		100	12 990	1 558.80	265.80	129.90	1 039.20	289.63	3 283.33	9 706.67
		……														
小计			110 000	10 000	125 000	90 000	800	2 000	332 200	39 864.00	6 794.00	3 322.00	26 576.00	2 580.88	79 136.88	253 063.12

（续表）

部门	人员类别	姓名	基本工资	岗位津贴	奖金	加班费	病假	事假	应发合计	住房公积金12%	医疗保险2%+6	失业保险1%	养老保险8%	代扣税	扣款合计	实付职工薪酬
财务部	管理人员（5人）	王　华	4 000	380	5 000	800			10 180	1 221.60	209.60	101.80	814.40	84.98	2 432.38	7 747.62
		李　明	3 950	450	5 000	900			10 300	1 236.00	212.00	103.00	824.00	87.75	2 462.75	7 837.25
		赵　清	4 100	350	5 500	1 100			11 050	1 326.00	227.00	110.50	884.00	140.25	2 687.75	8 362.25
		刘　敏	3 600	500	5 000	1 000		300	9 800	1 176.00	202.00	98.00	784.00	76.20	2 336.20	7 463.80
		高　辉	3 900	320	5 500	1 200	100		10 820	1 298.40	222.40	108.20	865.60	122.54	2 617.14	8 202.86
小　计			19 550	2 000	26 000	5 000	100	300	52 150	6 258.00	1 073.00	521.50	4 172.00	511.72	12 536.22	39 613.78
采购部	管理人员（10人）	孙晓辉	4 000	400	4 000	300			8 700	1 044.00	180.00	87.00	696.00	50.79	2 057.79	6 642.21
		乔姗姗	3 900	390	3 800	400	100		8 390	1 006.80	173.80	83.90	671.20	43.63	1 979.33	6 410.67
		袁凤阳	4 100	420	3 900	280		200	8 500	1 020.00	176.00	85.00	680.00	46.17	2 007.17	6 492.83
		……														
小　计			40 000	4 300	40 000	3 000	200	400	86 700	10 404.00	1 794.00	867.00	6 936.00	510.56	20 511.56	66 188.44
仓储部	管理人员（10人）	郝　楠	3 900	395	3 000	500	50		7 745	929.40	160.90	77.45	619.60	28.73	1 816.08	5 928.92
		张　明	4 050	425	3 500	400		100	8 275	993.00	171.50	82.75	662.00	40.97	1 950.22	6 324.78
		……														
小　计			39 000	4 200	35 000	5 000	200	300	82 700	9 924.00	1 714.00	827.00	6 616.00	380.76	19 461.76	63 238.24
专设销售机构	管理人员（20人）	刘　澈	3 000	300	4 500	800			8 600	1 032.00	178.00	86.00	688.00	48.48	2 032.48	6 567.52
		王　娜	2 900	400	5 400	1 000			9 700	1 164.00	20	97.00	776.00	73.89	2 310.89	7 389.11
		……														
小　计			60 000	6 000	100 000	12 000			178 000	21 360.00	3 680.00	1 780.00	14 240.00	1 200.00	42 260.00	135 740.00
合　计			1 140 550	109 900	584 000	160 440	2 650	5 150	1 987 090	238 450.80	41 884.80	19 870.90	158 967.20	5 334.77	464 508.47	1 522 581.53

原始凭证 17-2-2

中国工商银行
转账支票存根
WQV00960218

附加信息：

出票日期：2019 年 12 月 14 日

收款人：各员工	
金　额：¥1 522 581.53	
用　途：发工资	

单位主管　　　　会计

原始凭证 18-4-1

住房公积金及社会保险费计算表

2019 年 12 月　　　　单位:元

“五险一金”	交纳比例	单位交纳	个人交纳	合　计
基本养老保险	单位 20% 个人 8%	397 418.00	158 967.20	556 385.20
医疗保险	单位 7.5% 个人 2%+6	149 031.75	41 884.80	190 916.55
失业保险	单位 1% 个人 2%	39 741.80	19 870.90	59 612.70
工伤保险	单位 0.5%	9 935.45		9 935.45
生育保险	单位 0.9%	17 883.81		17 883.81
小　计		614 010.81	220 722.90	834 733.71
住房公积金	单位 12% 个人 12%	238 450.80	238 450.80	476 901.60
合　计		852 461.61	459 173.70	1 311 635.31

原始凭证 18-4-2

住房公积金汇（补）缴书

2019 年 12 月 14 日

收款单位	全称	荆州市住房公积金管理中心	缴款单位	全称	盛科服装股份有限公司
	公积金账号	450214521588511		账号	252-69014925
	开户银行	中国工商银行荆州分行		开户银行	中国工商银行荆州分行

单位公积金账号	年度	月份	金额									备注：
			百	十	万	千	百	十	元	角	分	
8012546	2019	12	¥	4	7	6	9	0	1	6	0	
金额人民币（大写）	肆拾柒万陆仟玖佰零壹元陆角整											

上月汇缴		本月增加汇缴		本月减少汇缴		本月汇缴	
人数	金额	人数	金额	人数	金额	人数	金额

中国工商银行股份有限公司
荆州分行
2019-12-14
转 账
转讫

第一联 银行盖章后退缴款单位记账

原始凭证 18-4-3

湖北省社会保险费委托收款凭证（付款通知）

2019 年 12 月 14 日

付款人	全称	盛科服装股份有限公司	收款人	全称	荆州市社会保险管理中心
	账号	252-69014925		账号	252-54879521
	开户行	中国工商银行荆州分行		开户行	中国工商银行荆州分行

金额	人民币（大写）	千	百	十	万	千	百	十	元	角	分
	捌拾叁万肆仟柒佰叁拾叁元柒角壹分		¥	8	3	4	7	3	3	7	1

款项内容	单位交纳	个人交纳	补交	滞纳金	合计
基本养老保险	397 418.00	158 967.20			556 385.20
医疗保险	149 031.75	41 884.80			190 916.55
失业保险	39 741.80	19 870.90			59 612.70
工伤保险	9 935.45				9 935.45
生育保险	17 883.81				17 883.81
备注 单据类型：正常缴费					

付款人注意：

1. 上列款项已全部划给收款人。
2. 该款项不得拒付，如需拒付，应按照相关规定，由付款人与收款人自行联系解决。

中国工商银行股份有限公司
荆州分行
2019-12-14
转 账
转讫

原始凭证 18-4-4

湖北省社会保险基金专用收款收据

2019 年 12 月 14 日　　　　№ 000125335

今收到 盛科服装股份有限公司　　交来　　社会保险基金

人民币（大写）捌拾叁万肆仟柒佰叁拾叁元柒角壹分（¥834 733.71）　　此据

其中：　养老保险：556 385.20　医疗保险：190 916.55　工伤保险：9 935.45

生育保险：17 883.81　失业保险：59 612.70

备注：	收费专用章	收款方式	转账

说明：本收款收据适用于社会保险机构征缴社会保险基金的款项，包括单位缴纳的养老保险、医疗保险、失业保险、工伤保险、生育保险等社会保险基金的款项。

收款单位（公章）：　　财务主管（章）：　　收款人（章）：

第一联：收据

（印章：湖北省财政票据监制章 财政部监制；湖北省财政票据专用章；荆州市社会保险结算中心 收费专用章；中国工商银行股份有限公司荆州分行 2019-12-14 转账 转讫）

原始凭证 19-3-1

税务局专用缴款书

填制日期：2019 年 12 月 14 日　　　　编号：5327

收款人	全称	荆州市国家税务局	缴款人	全称	盛科服装股份有限公司
	预算级次	中央		账号	252-69014925
	收缴金库	荆州市国库		开户银行	中国工商银行荆州分行
税款所属时期：2019 年 11 月			税款限缴日期：2019 年 12 月 15 日		
税款名称	计缴基数	比例	扣除比例	应扣金额	应缴金额
增值税		16%			600 000.00
实缴合计（大写）陆拾万元整					¥600 000.00
缴款单位印章	税务机关章		上列款项已收妥并划转收款单位账户		

（印章：荆州市国家税务局 业务专用章；中国工商银行股份有限公司荆州分行 2018-19-14 转账 转讫）

原始凭证 19-3-2

税务局专用缴款书

填制日期：2019 年 12 月 14 日　　　　编号：　5328

收款人	全称	荆州市国家税务局	缴款人	全称	盛科服装股份有限公司
	预算级次	中央		账号	252-69014925
	收缴金库	荆州市国库		开户银行	中国工商银行荆州分行
税款所属时期：2019 年 11 月			税款限缴日期：2019 年 12 月 15 日		
税款名称	计缴基数	比例	扣除比例	应扣金额	应缴金额
企业所得税		25%			150 000.00
实缴合计（大写）壹拾伍万元整					¥150 000.00
缴款单位印章		税务机关章		上列款项已收妥并划转收款单位账户	

> 荆州市国家税务局 业务专用章
>
> 中国工商银行股份有限公司荆州分行 2019-12-14 转账 转讫

原始凭证 19-3-3

税务局专用缴款书

填制日期：2019 年 12 月 14 日　　　　编号：　5329

收款人	全称	荆州市地方税务局	缴款人	全称	盛科服装股份有限公司
	预算级次	地方		账号	252-69014925
	收缴金库	荆州市国库		开户银行	中国工商银行荆州分行
税款所属时期：2019 年 11 月			税款限缴日期：2019 年 12 月 15 日		
税款名称	计缴基数	比例	扣除比例	应扣金额	应缴金额
城市维护建设税	600 000	7%			42 000.00
教育费附加	600 000	3%			18 000.00
地方教育费附加	600 000	2%			12 000.00
个人所得税					5 334.77
实缴合计（大写）柒万柒仟叁佰叁拾肆元柒角柒分					¥77 334.77
缴款单位印章		税务机关章		上列款项已收妥并划转收款单位账户	

> 荆州市国家税务局 业务专用章
>
> 中国工商银行股份有限公司荆州分行 2019-12-14 转账 转讫

原始凭证 20-1-1

银行进账单（收款通知） ③

2019 年 12 月 15 日

出票人	全称	太平洋保险股份有限公司荆州分公司	收款人	全称	盛科服装股份有限公司
	账号	723-67288961		账号	252-69014925
	开户行	中国银行荆州分行		开户行	中国工商银行荆州分行

		千	百	十	万	千	百	十	元	角	分
金额	人民币（大写）伍仟元整				¥	5	0	0	0	0	0

票据种类	转账支票
票据张数	1 张

单位主管： 会计： 复核： 记账：

中国工商银行股份有限公司
荆州分行
2019-12-15
转 账
转讫

收款人开户银行盖章

此联是收款人开户银行交给收款人的收账通知

审核： 复核： 经办： （单位预留印鉴）

原始凭证 21-1-1

中国工商银行 贷款转存凭证（进账通知） 0056492

2019 年 12 月 15 日 贷款种类：长期

借款人	全称	盛科服装股份有限公司	收款人	全称	盛科服装股份有限公司
	账号	252-69014925		账号	252-69014925
	开户银行	中国工商银行荆州分行		开户银行	中国工商银行荆州分行

		亿	千	百	十	万	千	百	十	元	角	分
金额	（币种）人民币肆拾万元整			¥	4	0	0	0	0	0	0	0

委托你行将上述款项金额转存/支付 业务主管：李想 合同号：67830478

中国工商银行荆州分行存款户经办人：赵敏

中国工商银行荆州分行
2019-12-15
业务专用章

借款人（盖章）（信贷部盖章）

原始凭证 22-1-1

收　据

2019 年 12 月 15 日　　№ 3492612

交款单位盛科服装股份有限公司　　收款方式现金

人民币（大写）贰仟元整　（小写）¥2 000.00

收款事由店庆赠款

现金收讫

京海实业有限公司 财务专用章

经办人：　出纳：李明　审核：　记账：　财会主管：　单位盖章：

原始凭证 23-1-1

中国工商银行

转账支票存根

WQV00960218

附加信息：

出票日期：2019 年 12 月 15 日

收款人：	荆州乐家纺织有限公司
金　额：	¥299 700.00
用　途：	支付材料款

单位主管　　会计

原始凭证 24-4-1

湖北省增值税专用发票

4210164620
32547482

4210164620

抵扣联

№32547482

开票日期：2019 年 12 月 16 日

购买方	名称：盛科服装股份有限公司 纳税人识别号：914210011567H412T3 地址、电话：荆州市柳石路 410 号　0716-3979905 开户行及账号：中国工商银行荆州分行　252-69014925	密码区	<458-265>+545110444140256210S4 54-+>4521<<541001250-+>400<<55 8000-<212500180<4151240->++545 <>++>4521<<5410012558000-<2

货物或应税劳务、服务名称	规格型号	单位	数量	单价	金额	税率	税额
亚麻面料		米	6000	28.00	168000.00	13%	21840.00
纯棉面料		米	4000	38.00	152000.00	13%	19760.00
合　计					¥320000.00		¥41600.00
价税合计（大写）	⊗叁拾陆万壹仟陆佰元整						（小写）¥361600.00

销售方	名称：昌达有限责任公司 纳税人识别号：91421001936NB32G32 地址、电话：荆州市和平路 98 号　0716-7931433 开户行及账号：中国农业银行荆州分行　669-3437483	备注	昌达有限责任公司 91421001936NB32G32 发票专用章

收款人：　　复核：　　开票人：王云　　销售方：（章）

第二联：抵扣联　购买方抵扣凭证

原始凭证 24-4-2

湖北省增值税专用发票

4210164620
32547482

4210164620

发票联

№ 32547482

开票日期：2019 年 12 月 16 日

购买方	名称：盛科服装股份有限公司 纳税人识别号：914210011567H412T3 地址、电话：荆州市柳石路 410 号　0716-3979905 开户行及账号：中国工商银行荆州分行　252-69014925	密码区	<458-265>+545110444140256210S4 54-+>4521<<541001250-+>400<<55 8000-<212500180<4151240->++545 <>++>4521<<5410012558000-<2

货物或应税劳务、服务名称	规格型号	单位	数量	单价	金额	税率	税额
亚麻面料		米	6000	28.00	168000.00	13%	21840.00
纯棉面料		米	4000	38.00	152000.00	13%	19760.00
合　计					¥320000.00		¥41600.00
价税合计（大写）	⊗叁拾陆万壹仟陆佰元整						（小写）¥361600.00

销售方	名称：昌达有限责任公司 纳税人识别号：91421001936NB32G32 地址、电话：荆州市和平路 98 号　0716-7931433 开户行及账号：中国农业银行荆州分行　669-3437483	备注	昌达有限责任公司 91421001936NB32G32 发票专用章

收款人：　　复核：　　开票人：王云　　销售方：（章）

第三联：发票联　购买方记账凭证

原始凭证 24-4-3

原材料入库单

供应单位： 年 月 日

材料名称	单位	数量(米)		实际成本(元)		
		应收	实收	买价	采购费用	总成本(合计)
合计						

主管： 会计： 收货： 采购： 制单：

原始凭证 24-4-4

中国工商银行
转账支票存根
WQV00960218

附加信息

出票日期：2019 年 12 月 16 日

收款人：	昌达有限责任公司
金　额：	¥356 600.00
用　途：	支付材料款

单位主管 会计

原始凭证 25-2-1

湖北省增值税专用发票

国家税务总局 湖北省税务局

抵扣联

4210164620

4210164620
33856211

№ 33856211

开票日期：2019 年 12 月 17 日

购买方	名称：盛科服装股份有限公司 纳税人识别号：914210011567H412T3 地址、电话：荆州市柳石路 410 号 0716-3979905 开户行及账号：中国工商银行荆州分行 252-69014925			密码区	<458-265>+545110444140256210S4 54-+>4521<<541001250-+>400<<55 8000-<212500180<4151240->++545 <>++>4521<<5410012558000-<2		
货物或应税劳务、服务名称	规格型号	单位	数量	单价	金额	税率	税额
修理费			1	500.00	500.00	13%	65.00
合 计					¥500.00		¥65.00
价税合计（大写）	⊗伍佰陆拾伍元整				（小写）¥565.00		
销售方	名称：鸿达机械设备有限公司 纳税人识别号：9142100293S26AF478 地址、电话：荆州市十号路 255 号 0716-6813433 开户行及账号：中国银行荆州沙市分理处 723-2087486			备注	[鸿达机械设备有限公司 9142100293S26AF478 发票专用章]		

收款人： 复核： 开票人：马丽 销售方：（章）

第二联：抵扣联 购买方抵扣凭证

原始凭证 25-2-2

湖北省增值税专用发票

国家税务总局 湖北省税务局

发票联

4210164620

4210164620
33856211

№ 33856211

开票日期：2019 年 12 月 17 日

购买方	名称：盛科服装股份有限公司 纳税人识别号：914210011567H412T3 地址、电话：荆州市柳石路 410 号 0716-3979905 开户行及账号：中国工商银行荆州分行 252-69014925			密码区	<458-265>+545110444140256210S4 54-+>4521<<541001250-+>400<<55 8000-<212500180<4151240->++545 <>++>4521<<5410012558000-<2		
货物或应税劳务、服务名称	规格型号	单位	数量	单价	金额	税率	税额
修理费			1	500.00	500.00	13%	65.00
合 计					¥500.00		¥65.00
价税合计（大写）	⊗伍佰陆拾伍元整				（小写）¥565.00		
销售方	名称：鸿达机械设备有限公司 纳税人识别号：9142100293S26AF478 地址、电话：荆州市十号路 255 号 0716-6813433 开户行及账号：中国银行荆州沙市分理处 723-2087486 [现金付讫]			备注	[鸿达机械设备有限公司 9142100293S26AF478 发票专用章]		

收款人： 复核： 开票人：马丽 销售方：（章）

第三联：发票联 购买方记账凭证

原始凭证 26-1-1

应收账款坏账审批表

对方单位	华鑫有限公司		
应收账款余额	3 000 元	账龄	5 年
原因说明	华鑫有限公司濒临破产，应收账款确认无法收回		
审批意见	销售部门	财务部门	
	同意	同意	
	签字：凌阳	签字：王华	
	日期　2019. 12. 18	日期　2019. 12. 18	

原始凭证 27-3-1

湖北省增值税专用发票

全国统一发票监制章　国家税务总局　湖北省税务局

4210164620
20856812

4210164620

抵扣联

№ 20856812

开票日期：2019 年 12 月 19 日

购买方	名称：盛科服装股份有限公司 纳税人识别号：914210011567H412T3 地址、电话：荆州市柳石路 410 号　0716-3979905 开户行及账号：中国工商银行荆州分行　252-69014925	密码区	<458-265>+5451104441402562I0S4 54-+>4521<<541001250-+>400<<55 8000-<212500180<4151240->++545 <>++>4521<<5410012558000-<2

货物或应税劳务、服务名称	规格型号	单位	数量	单价	金额	税率	税额
专利权			1	60000.00	60000.00	6%	3600.00
合　计					¥60000.00		¥3600.00
价税合计（大写）	⊗陆万叁仟陆佰元整					（小写）	¥63600.00

销售方	名称：精品服装制造有限公司 纳税人识别号：91421001934T8YU261 地址、电话：荆州市西环路 278 号　0716-7938433 开户行及账号：中国农业银行荆州西环路分理处　669-57837494	备注	精品服装制造有限公司 91421001934T8YU261 发票专用章

收款人：　　　复核：　　　开票人：于艳艳　　　销售方：（章）

第二联：抵扣联　购买方抵扣凭证

原始凭证 27-3-2

4210164620
20856812

湖北省增值税专用发票

国家税务总局 湖北省税务局 发票监制

发 票 联

4210164620　　　　№ 20856812

开票日期：2019 年 12 月 19 日

购买方	名称：盛科服装股份有限公司 纳税人识别号：914210011567H412T3 地址、电话：荆州市柳石路 410 号　0716-3979905 开户行及账号：中国工商银行荆州分行　252-69014925	密码区	<458-265>+545110444140256210S4 54-+>4521<<541001250-+>400<<55 8000-<212500180<4151240->++545 <>++>4521<<5410012558000-<2

货物或应税劳务、服务名称	规格型号	单位	数量	单价	金额	税率	税额
专利权			1	60000.00	60000.00	6%	3600.00
合　计					¥60000.00		¥3600.00
价税合计（大写）	⊗陆万叁仟陆佰元整				（小写）¥63600.00		

销售方	名称：精品服装制造有限公司 纳税人识别号：91421001934T8YU261 地址、电话：荆州市西环路 278 号　0716-7938433 开户行及账号：中国农业银行荆州西环路分理处　669-57837494	备注	精品服装制造有限公司 91421001934T8YU261 发票专用章

收款人：　　　　复核：　　　　开票人：于艳艳　　　　销售方：（章）

第三联：发票联　购买方记账凭证

原始凭证 27-3-3

中国工商银行
转账支票存根
WQV00960218

附加信息

出票日期：2019 年 12 月 19 日

收款人：	精品服装制造有限公司
金　额：	¥63 600.00
用　途：	支付专利权款

单位主管　　　　会计

原始凭证 28-2-1

湖北省增值税专用发票

4210164620　　　　　　　　　　　　　　　　4210164620
　　　　　　　　　　　　　　　　　　　　　02314068

此联不作报销、扣税凭证使用　　　№ 02314068

开票日期：2019 年 12 月 20 日

购买方	名称：海泉服装商贸公司 纳税人识别号：91421001265T49HF57 地址、电话：荆州市学苑路 90 号　0716-7383856 开户行及账号：中国银行荆州学苑路分理处　723-88283977	密码区	<458-265>+54511044140256210S4 54-+>4521<<541001250-+>400<<55 8000-<212500180<4151240->++545 <>++>4521<<5410012558000-<2

货物或应税劳务、服务名称	规格型号	单位	数量	单价	金额	税率	税额
男士衬衣		件	5000	150.00	750000.00	13%	97500.00
女士衬衣		件	3000	200.00	600000.00	13%	78000.00
合　计					¥1350000.00		¥175500.00
价税合计（大写）	⊗壹佰伍拾贰万伍仟伍佰元整						（小写）¥1525500.00

销售方	名称：盛科服装股份有限公司 纳税人识别号：914210011567H412T3 地址、电话：荆州市柳石路 410 号　0716-3979905 开户行及账号：中国工商银行荆州分行　252-69014925	备注	

收款人：　　　复核：　　　开票人：刘敏　　　销售方：（章）

第一联：记账联　销售方记账凭证

原始凭证 28-2-2

出　库　单

提货部门：　　　　　　　　　　年　　月　　日

品名	规格	单位	数量
合计			

会计主管：　　　　　　　　库管：　　　　　　　　提货人：

原始凭证 29-1-1

存款利息收入回单

流水号：G01208R921AA3BJ

业务类型：利息收入	开户行：中国工商银行荆州分行
收款账号：252-69014925	户名：盛科服装股份有限公司
利息金额（大写）：人民币肆佰元整	利息金额（小写）：¥400.00
结息账号：252-69014925	结息方式：按季结息

计息期间	利率	利息
2019/9/21—2019/12/20	0.30%	¥400.00

经办:G01208　　日期:2019/12/20

中国工商银行荆州分行 2019-12-20 业务专用章

原始凭证 30-2-1

湖北省增值税普通发票

4210164620　　4210164620
01965240

发票联

№ 01965240

开票日期：2019 年 12 月 20 日

购买方	名称：盛科服装股份有限公司 纳税人识别号：914210011567H412T3 地址、电话：荆州市柳石路 410 号 0716-3979905 开户行及账号：中国工商银行荆州分行 252-69014925	密码区：<458-265>+545110444140256210S454-+>4521<<541001250-+>400<<558000-<212500180<4151240->++545<>++>4521<<5410012558000-<2

货物或应税劳务、服务名称	规格型号	单位	数量	单价	金额	税率	税额
增值税税控系统技术服务费	老户		1	316.98	316.98	6%	19.02
合　计					¥316.98		¥19.02
价税合计（大写）	⊗叁佰叁拾陆元整				（小写）¥336.00		

销售方	名称：航天信息有限公司 纳税人识别号：9142100137KD443L98 地址、电话：荆州市柳石路 298 号 0716-3979888 开户行及账号：中国工商银行荆州分行 252-69394728	备注：航天信息有限公司 9142100137KD443L98 发票专用章

收款人：　　复核：　　开票人：张晓倩　　销售方：（章）

第三联：发票联 购买方记账凭证

原始凭证 30-2-2

中国工商银行
转账支票存根
WQV00960223

附加信息：

出票日期：2019 年 12 月 20 日

收款人：	航天信息有限公司
金　额：	¥336.00
用　途：	支付当年增值税税控系统技术服务费

单位主管　　　　会计

原始凭证 31-2-1

湖北省增值税专用发票

4210164620
02314069

4210164620

此联不作报销、扣税凭证使用

№ 02314069

开票日期：2019 年 12 月 21 日

购买方	名称：海泉服装商贸公司 纳税人识别号：91421001265T49HF57 地址、电话：荆州市学苑路 90 号　0716-7383856 开户行及账号：中国银行荆州学苑路分理处　723-88283977	密码区	<458-265>+545110444140256210S454-+>4521<<541001250-+>400<<558000-<212500180<4151240->++545<>++>4521<<5410012558000-<2

货物或应税劳务、服务名称	规格型号	单位	数量	单价	金额	税率	税额
男士衬衣（退回）		件	-50	150.00	-7500.00	13%	-975.00
合　计					¥-7500.00		¥-975.00
价税合计（大写）	⊗（负数）捌仟肆佰柒拾伍元整				（小写）¥-8475.00		

销售方	名称：盛科服装股份有限公司 纳税人识别号：914210011567H412T3 地址、电话：荆州市柳石路 410 号　0716-3979905 开户行及账号：中国工商银行荆州分行　252-69014925	备注	错误发票： 4210164620NO.02314068

收款人：　　　复核：　　　开票人：刘敏　　　销售方：（章）

第一联：记账联　销售方记账凭证

原始凭证 31-2-2

入 库 单

提货部门：　　　　　　　　年　　月　　日

品名	规格	单位	数量
合计			

会计主管：　　　　　　　　库管：　　　　　　　　提货人：

原始凭证 32-1-1

湖北省荆州市销售统一发票

客户名称：盛科服装股份有限公司　　2019 年 12 月 21 日

项目摘要	单位	数量	单价	金额 百	十	万	千	百	十	元	角	分	备注
打印纸	箱	90	10.00					9	0	0	0	0	
订书针	盒	25	2.00						5	0	0	0	
签字笔	盒	10	10.00					1	0	0	0	0	
合计：人民币（大写）壹仟零伍拾元整						¥	1	0	5	0	0	0	

现金付讫

明天文具有限责任公司 发票专用章

填票人：王玲　　　　　　　　收款人：朱丽

原始凭证 33-1-1

资产清查报告表

2019 年 12 月 22 日

材料名称	账面余额		实存余额		清查结果		问题简要说明
	数量	单价	数量	单价	盘盈	盘亏	
保险片	100	20.00	50	20.00		1 000.00	保管员张明过失造成，由其个人赔偿。

负责人处理意见：　同意　　　　　　　　负责人签字：李新　2019.12.22

原始凭证 34-3-1

4210164620
02314070

湖北省增值税专用发票

4210164620

此联不作报销、扣税凭证使用

№ 02314070

开票日期：2019 年 12 月 23 日

购买方	名称：丽阳服装商贸公司 纳税人识别号：91421001265LX216Z5 地址、电话：荆州市北京西路 399 号　0716-7943811 开户行及账号：中国建设银行荆州北京西路分理处　838-39778828				密码区	<458-265>+54511044414025621OS4 54-+>4521<<541001250-+>400<<55 8000-<212500180<4151240->++545 <>++>4521<<5410012558000-<2	
货物或应税劳务、服务名称	规格型号	单位	数量	单价	金额	税率	税额
男士衬衣		件	600	150.00	90000.00	13%	11700.00
女士衬衣		件	800	200.00	160000.00	13%	20800.00
合　计					¥250000.00		¥32500.00
价税合计（大写）	⊗贰拾捌万贰仟伍佰元整					（小写）¥282500.00	
销售方	名称：盛科服装股份有限公司 纳税人识别号：914210011567H412T3 地址、电话：荆州市柳石路 410 号　0716-3979905 开户行及账号：中国工商银行荆州分行　252-69014925				备注		

收款人：　　复核：　　开票人：刘敏　　销售方：（章）

第一联：记账联　销售方记账凭证

原始凭证 34-3-2

银行承兑汇票　2

21500051
32301272

出票日期（大写）　贰零壹玖年　零壹拾贰月　贰拾叁日

出票人全称	丽阳服装商贸公司	收款人	全　称	盛科服装股份有限公司
出票人账号	838-39778828		账　号	252-69014925
付款行全称	中国建设银行荆州北京西路支行		开户银行	中国工商银行荆州分行

出票金额	人民币大写	亿	千	百	十	万	千	百	十	元	角	分
贰拾捌万贰仟伍佰元整				¥	2	8	2	5	0	0	0	0

汇票到期日（大写）	贰零贰零年零叁月贰拾叁日	付款行	行　号	
承兑协议编号			地　址	
本汇票请你行承兑，到期无条件支付票款 丽阳服装商贸公司 财务专用章 出票人签章		本汇票已经承兑，到期日由本行付款 承兑行签章 承兑日期　年　月　日 中国建设银行股份有限公司 汇票专用章		复核 记账
		备注：		

原始凭证 34-3-3

出　库　单

提货部门：　　　　　　　　　　年　　月　　日

品名	规格	单位	数量
合计			

会计主管：　　　　　　　　库管：　　　　　　　　提货人：

原始凭证 35-3-1

4210164620
20014587

湖北省增值税专用发票

全国统一发票监制章 国家税务总局 湖北省税务局

4210164620

抵　扣　联

№ 20014587

开票日期：2019 年 12 月 23 日

购买方	名称：盛科服装股份有限公司 纳税人识别号：914210011567H412T3 地址、电话：荆州市柳石路 410 号　0716-3979905 开户行及账号：中国工商银行荆州分行　252-69014925	密码区	<458-265>+545110444140256210S4 54-+>4521<<541001250-+>400<<55 8000-<212500180<4151240->++545 <>++>4521<<5410012558000-<2

货物或应税劳务、服务名称	规格型号	单位	数量	单价	金额	税率	税额
广告费			1	1000.00	1000.00	6%	60.00
合　计					¥1000.00		¥60.00
价税合计（大写）	⊗壹仟零陆拾元整						（小写）¥1060.00

销售方	名称：荆州市有限电视股份有限公司 纳税人识别号：914210019105Z8DX71 地址、电话：荆州市北站路 100 号　0716-2866345 开户行及账号：中国工商银行荆州北站路分理处　252-23677178	备注	荆州市有线电视股份有限公司 914210019105Z8DX71 发票专用章

收款人：　　　　　复核：　　　　　开票人：王茜　　　　　销售方：（章）

第二联：抵扣联　购买方抵扣凭证

原始凭证 35-3-2

4210164620
20014587

湖北省增值税专用发票

(全国统一发票监制章 国家税务总局 湖北省税务局)

4210164620

发 票 联

№ 20014587

开票日期：2019 年 12 月 23 日

购买方	名称：盛科服装股份有限公司 纳税人识别号：914210011567H412T3 地址、电话：荆州市柳石路 410 号 0716-3979905 开户行及账号：中国工商银行荆州分行 252-69014925	密码区	<458-265>+5451104441402562l0S45 4-+>4521<<541001250-+>400<<5580 00-<212500180<4151240->++545<>+ +>4521<<5410012558000-<2

货物或应税劳务、服务名称	规格型号	单位	数量	单价	金额	税率	税额
广告费			1	1000.00	1000.00	6%	60.00
合 计					¥1000.00		¥60.00
价税合计（大写）	⊗壹仟零陆拾元整				（小写）¥1060.00		

销售方	名称：荆州市有限电视股份有限公司 纳税人识别号：914210019105Z8DX71 地址、电话：荆州市北站路 100 号 0716-2866345 开户行及账号：中国工商银行荆州北站路分理处 252-23677178	备注	（荆州市有线电视股份有限公司 914210019105Z8DX71 发票专用章）

收款人： 复核： 开票人：王茜 销售方：（章）

第三联：发票联 购买方记账凭证

原始凭证 35-3-3

中国工商银行电汇凭证（回单）

普通☒ 加急□ 委托日期 2019 年 12 月 23 日 0978656789

汇款人	全 称	盛科服装股份有限公司		收款人	全 称	荆州市有限电视台	
	账 号	252-69014925			账 号	252-23677178	
	汇出地点	荆州	汇出行名称：中国工商银行荆州分行		汇入地点	荆州	汇入行名称：中国工商银行荆州北站路分理处

金额	人民币（大写）壹仟零陆拾元整	亿	千	百	十	万	千	百	十	元	角	分
							¥	1	0	6	0	0	0

汇款用途：广告费	支付密码	2589544322
	附加信息： 汇出行盖章 复核 记账	

（中国工商银行股份有限公司荆州分行 2019-12-23 转账 转讫）

原始凭证 36-5-1

湖北省增值税专用发票

4210164620　　　　　　　　4210164620
　　　　　　　　　　　　　20812856

抵扣联　　№ 20812856

开票日期：2019 年 12 月 24 日

购买方	名称：盛科服装股份有限公司 纳税人识别号：914210011567H412T3 地址、电话：荆州市柳石路 410 号　0716-3979905 开户行及账号：中国工商银行荆州分行　252-69014925				密码区	<458-265>+54511044414025621OS4 54-+>4521<<541001250-+>400<<55 8000-<212500180<4151240->++545 <>++>4521<<5410012558000-<2	
货物或应税劳务、服务名称	规格型号	单位	数量	单价	金额	税率	税额
纽扣		袋	1000	50.00	50000.00	13%	6500.00
合　计					¥50000.00		¥6500.00
价税合计（大写）	⊗伍万陆仟伍佰元整						（小写）¥56500.00
销售方	名称：雅美有限责任公司 纳税人识别号：91421001613DS93N48 地址、电话：荆州市西环路 366 号　0716-7933384 开户行及账号：中国农业银行荆州西环路分理处　669-57894374				备注	雅美有限责任公司 91421001613DS93N48 发票专用章	

收款人：　　复核：　　开票人：李浩　　销售方：（章）

第二联：抵扣联　购买方抵扣凭证

原始凭证 36-5-2

湖北省增值税专用发票

4210164620　　　　　　　　4210164620
　　　　　　　　　　　　　20812856

发票联　　№ 20812856

开票日期：2019 年 12 月 24 日

购买方	名称：盛科服装股份有限公司 纳税人识别号：914210011567H412T3 地址、电话：荆州市柳石路 410 号　0716-3979905 开户行及账号：中国工商银行荆州分行　252-69014925				密码区	<458-265>+54511044414025621OS4 54-+>4521<<541001250-+>400<<55 8000-<212500180<4151240->++545 <>++>4521<<5410012558000-<2	
货物或应税劳务、服务名称	规格型号	单位	数量	单价	金额	税率	税额
纽扣		袋	1000	50.00	50000.00	13%	6500.00
合　计					¥50000.00		¥6500.00
价税合计（大写）	⊗伍万陆仟伍佰元整						（小写）¥56500.00
销售方	名称：雅美有限责任公司 纳税人识别号：91421001613DS93N48 地址、电话：荆州市西环路 366 号　0716-7933384 开户行及账号：中国农业银行荆州西环路分理处　669-57894374				备注	雅美有限责任公司 91421001613DS93N48 发票专用章	

收款人：　　复核：　　开票人：李浩　　销售方：（章）

第三联：发票联　购买方记账凭证

原始凭证 36-5-3

原材料入库单

供应单位： 年 月 日

材料名称	单位	数量		实际成本		
		应收	实收	买价	采购费用	总成本(合计)
合计						

主管： 会计： 收货： 采购： 制单：

原始凭证 36-5-4

银行承兑汇票 2

31300051
21401273

出票日期（大写） 贰零壹玖年 零壹拾贰月 贰拾肆日

出票人全称	盛科服装股份有限公司	收款人	全　称	雅美有限责任公司
出票人账号	252-69014925	收款人	账　号	669-57894374
付款行全称	中国工商银行荆州分行	收款人	开户银行	中国农业银行荆州西环支行
出票金额	人民币大写	伍万陆仟伍佰元整	亿 千 百 十 万 千 百 十 元 角 分	¥ 5 6 5 0 0 0 0
汇票到期日（大写）	贰零贰零年零叁月贰拾肆日	付款行	行　号	
承兑协议编号		付款行	地　址	
本汇票请你行承兑，到期无条件支付票款 盛科服装股份有限公司 财务专用章 出票人签章		本汇票已经承兑，到期日由本行付款 承兑行签章 承兑日期 年 月 日 中国工商银行股份有限公司 汇票专用章		复核 记账
		备注：		

原始凭证 36-5-5

中国工商银行 业务收费凭证

币别：人民币　　2019年12月 24 日　　流水号：0098782

付款人	盛科服装股份有限公司		账号	252-69014925	
项目名称	工本费	手续费	电子汇划费	邮电费	金额
汇款		50.00			50.00
金额（大写）	伍拾元整				
付款方式	转账				

中国工商银行股份有限公司
荆州分行
2019-12-24
转 账
转
讫

原始凭证 37-1-1

银行进账单（收款通知）　③

2019年 12月 26日

出票人	全称	三和服装商贸公司	收款人	全称	盛科服装股份有限公司
	账号	723-67128896		账号	252-69014925
	开户行	中国银行荆州分行		开户行	中国工商银行荆州分行

金额	人民币(大写)壹万元整	千	百	十	万	千	百	十	元	角	分
				¥	1	0	0	0	0	0	0

票据种类	转账支票
票据张数	1张

单位主管：　会计：　复核：　记账：

中国工商银行股份有限公司
荆州分行
2019-12-26
转 账
转
讫

收款人开户银行盖章

审核：　复核：　经办：　（单位预留印鉴）

此联是收款人开户银行交给收款人的收账通知

原始凭证 38-3-1

湖北省增值税专用发票

4210164620
02314071

4210164620

此联不作报销、扣税凭证使用

№ 02314071

开票日期：2019 年 12 月 26 日

购买方	名称：丽发有限公司 纳税人识别号：91421001651163843T 地址、电话：荆州市学苑路 49 号　0716-7942846 开户行及账号：中国银行荆州学苑路分理处　723-92758894	密码区	<458-265>+545110444140256210S4 54-+>4521<<541001250-+>400<<55 8000-<212500180<4151240->++545 <>++>4521<<5410012558000-<2

货物或应税劳务、服务名称	规格型号	单位	数量	单价	金额	税率	税额
化纤面料		米	100	21.00	2100.00	13%	273.00
合　计					¥2100.00		¥273.00
价税合计（大写）	⊗贰仟叁佰柒拾叁元整				（小写）¥2373.00		

销售方	名称：盛科服装股份有限公司 纳税人识别号：914210011567H412T3 地址、电话：荆州市柳石路 410 号　0716-3979905 开户行及账号：中国工商银行荆州分行　252-69014925	备注	

收款人：　　复核：　　开票人：刘敏　　销售方：（章）

第一联：记账联　销售方记账凭证

原始凭证 38-3-2

银行进账单（收款通知）　③

2019 年 12 月 26 日

出票人	全称	丽发有限公司	收款人	全称	盛科服装股份有限公司
	账号	723-92758894		账号	252-69014925
	开户行	中国银行荆州学苑路分理处		开户行	中国工商银行荆州分行

金额	千	百	十	万	千	百	十	元	角	分
人民币（大写）贰仟叁佰柒拾叁元整				¥	2	3	7	3	0	0

票据种类	转账支票
票据张数	1 张

单位主管：　　会计：　　复核　　记账

中国工商银行股份有限公司
荆州分行
2019-12-26
转　账
转讫

收款人开户银行盖章

审核：　　复核：　　经办：　　（单位预留印鉴）

此联是收款人开户银行交给收款人的收账通知

原始凭证 38-3-3

出 库 单

提货部门：　　　　　　　　年　　月　　日

品名	规格	单位	数量
合计			

会计主管：　　　　　　　　库管：　　　　　　　　提货人：

原始凭证 39-2-1

湖北省增值税普通发票

4210164620
32714958

4210164620

全国统一发票监制章 国家税务总局 湖北省税务局

发 票 联

№ 32714958

开票日期：2019 年 12 月 27 日

购买方	名称：盛科服装股份有限公司 纳税人识别号：914210011567H412T3 地址、电话：荆州市柳石路 410 号 0716-3979905 开户行及账号：中国工商银行荆州分行 252-69014925	密码区	<458-265>+545110444140256210S4 54-+>4521<<541001250-+>400<<55 8000-<212500180<4151240->++545 <>++>4521<<5410012558000-<2

货物或应税劳务、服务名称	规格型号	单位	数量	单价	金额	税率	税额
审计费					1941.75	3%	58.25
合　计					¥1941.75		¥58.25
价税合计（大写）	⊗贰仟元整					（小写）¥2000.00	

销售方	名称：瑞华会计师事务所 纳税人识别号：914210018719KZ95S6 地址、电话：荆州市北站路 100 号 0716-2863826 开户行及账号：中国工商银行北站路分理处 252-23625278	备注	瑞华会计师事务所 914210018719KZ95S6 发票专用章

收款人：　　　　　　复核：　　　　　　开票人：李迪　　　　　　销售方：（章）

第三联：发票联　购买方记账凭证

原始凭证 39-2-2

中国工商银行
转账支票存根
WQV00960219

附加信息

出票日期：2019 年 12 月 27 日

收款人：	瑞华会计师事务所
金　额：	¥2 000.00
用　途：	审计费

单位主管　　　　会计

原始凭证 40-1-1

借款应付利息计算表

年　月　日

起讫期	借款种类	本金	年利率	应付利息
合计				

原始凭证 41-3-1

湖北省增值税专用发票

4210164620　　　　　　**抵　扣　联**　　　　　　№ 00014521

4210164620
00014521

开票日期：2019 年 12 月 28 日

购买方	名称：盛科服装股份有限公司 纳税人识别号：914210011567H412T3 地址、电话：荆州市柳石路 410 号　0716-3979905 开户行及账号：中国工商银行荆州分行　252-69014925				密码区	<458-265>+545110444140256210S4 54-+>4521<<541001250-+>400<<55 8000-<212500180<4151240->++545 <>++>4521<<5410012558000-<2	
货物或应税劳务、服务名称	规格型号	单位	数量	单价	金额	税率	税额
报刊费（2019 年度）					7200.00	9%	648.00
合　计					¥7200.00		¥648.00
价税合计（大写）	⊗柒仟捌佰肆拾捌元整					（小写）¥7848.00	
销售方	名称：荆州市日报社 纳税人识别号：914210014367K88D79 地址、电话：荆州市北站路 10 号　0716-2866345 开户行及账号：中国工商银行北站路分理处　252-23677178				备注	荆州市日报社 914210014367K88D79 发票专用章	

收款人：　　　复核：　　　开票人：张丹　　　销售单位：（章）

第二联：抵扣联　购买方抵扣凭证

原始凭证 41-3-2

湖北省增值税专用发票

4210164620　　　　　　**发　票　联**　　　　　　№ 00014521

4210164620
00014521

开票日期：2019 年 12 月 28 日

购买方	名称：盛科服装股份有限公司 纳税人识别号：914210011567H412T3 地址、电话：荆州市柳石路 410 号　0716-3979905 开户行及账号：中国工商银行荆州分行　252-69014925				密码区	<458-265>+545110444140256210S4 54-+>4521<<541001250-+>400<<55 8000-<212500180<4151240->++545 <>++>4521<<5410012558000-<2	
货物或应税劳务、服务名称	规格型号	单位	数量	单价	金额	税率	税额
报刊费（2019 年度）					7200.00	9%	648.00
合　计					¥7200.00		¥648.00
价税合计（大写）	⊗柒仟捌佰肆拾捌元整					（小写）¥7848.00	
销售方	名称：荆州市日报社 纳税人识别号：914210014367K88D79 地址、电话：荆州市北站路 10 号　0716-2866345 开户行及账号：中国工商银行北站路分理处　252-23677178				备注	荆州市日报社 914210014367K88D79 发票专用章	

收款人：　　　复核：　　　开票人：张丹　　　销售方：（章）

第三联：发票联　购买方记账凭证

原始凭证 41-3-3

荆州银行
转账支票存根
WQV00960224

附加信息

出票日期：2019 年 12 月 28 日

收款人：	荆州日报社
金　额：	¥7 848.00
用　途：	支付下年度报刊费

单位主管　　　　会计

原始凭证 42-4-1

差旅费报销单

报账日期:2019 年 12 月 29 日

姓名		王娜		部门	总经办	出差事由：		办事	出差日期:2019/12/10 至 2019/12/12				
日期		地点		车船费			住宿费		伙食补贴	工杂补贴	未购卧铺补贴	会务费	其他	合计
起	讫	起	讫	车次或船名	时间	金额	天数	金额						
12	10	荆州	武汉	自驾										
12	12	武汉	荆州	自驾			2	689	240					929

以上单据共:壹张	金额合计(大写):人民币玖佰贰拾玖元整		¥929.00
预借差旅费:1 000.00	缴回现款:71.00	补付金额：	备注：

总经理	同意	部门负责人：	同意	财务负责人：	同意

原始凭证 42-4-2

湖北省增值税专用发票

国家税务总局 湖北省税务局

4210164620　　　　　　　　　　　　　　　　4210164620
10014522

抵　扣　联　　　　　　№ 10014522

开票日期：2019 年 12 月 29 日

购买方	名称：盛科服装股份有限公司 纳税人识别号：914210011567H412T3 地址、电话：荆州市柳石路 410 号　0716-3979905 开户行及账号：中国工商银行荆州分行　252-69014925	密码区	<458-265>+5451104441402562l0S4 54-+>4521<<541001250-+>400<<55 8000-<212500180<4151240->++545 <>++>4521<<5410012558000-<2

货物或应税劳务、服务名称	规格型号	单位	数量	单价	金额	税率	税额
住宿费					650.00	6%	39.00
合　计					¥650.00		¥39.00
价税合计（大写）	⊗陆佰捌拾玖元整				（小写）¥689.00		

销售方	名称：武汉市春桃饭店 纳税人识别号：914210016910124H5D 地址、电话：武汉市汉街 120 号　027-2866345 开户行及账号：中国工商银行武昌分理处　336-23677178	备注	武汉市春桃饭店 914210016910124H5D 发票专用章

收款人：　　　复核：　　　开票人：张军　　　销售方：（章）

第二联：抵扣联　购买方抵扣凭证

原始凭证 42-4-3

湖北省增值税专用发票

国家税务总局 湖北省税务局

4210164620　　　　　　　　　　　　　　　　4210164620
10014522

发　票　联　　　　　　№ 10014522

开票日期：2019 年 12 月 29 日

购买方	名称：盛科服装股份有限公司 纳税人识别号：914210011567H412T3 地址、电话：荆州市柳石路 410 号　0716-3979905 开户行及账号：中国工商银行荆州分行　252-69014925	密码区	<458-265>+5451104441402562l0S4 54-+>4521<<541001250-+>400<<55 8000-<212500180<4151240->++545 <>++>4521<<5410012558000-<2

货物或应税劳务、服务名称	规格型号	单位	数量	单价	金额	税率	税额
住宿费					650.00	6%	39.00
合　计					¥650.00		¥39.00
价税合计（大写）	⊗陆佰捌拾玖元整				（小写）¥689.00		

销售方	名称：武汉市春桃饭店 纳税人识别号：914210016910124H5D 地址、电话：武汉市汉街 120 号　027-2866345 开户行及账号：中国工商银行武昌分理处　336-23677178	备注	武汉市春桃饭店 914210016910124H5D 发票专用章

收款人：　　　复核：　　　开票人：张军　　　销售方：（章）

第三联：发票联　购买方记账凭证

原始凭证 42-4-4

收　据

2019 年 12 月 29 日　　№ 3906649

交款单位 王娜　　收款方式现金

人民币（大写）壹仟元整　　(小写)¥1 000.00

收款事由退回借支多余款

现金收讫

盛科服装股份有限公司 财务专用章

经办人：　出纳：刘敏　审核：　记账：　财会主管：　单位盖章：

原始凭证 43-1-1

付款回单

流水号：G01221AA08R93BJ

业务类型：	移动支票	业务编号：	2638193618
户名：	盛科服装股份有限公司	开户行：	中国工商银行荆州分行
付款账号：	252-69014925		
金额（大写）：	人民币贰仟元整	金额（小写）：	¥2 000.00
收款人户名	荆州市公交公司	收款人开户行	中国工商银行荆州分行
收款人账号	252-69538476		
摘要	支付广告费		
经办：G01206			日期：2019/12/29

中国工商银行荆州分行 2018912-29 业务专用章

原始凭证 44-1-1

期末存货价值计算表

单位：元

日期	品名	成本	可变现净值	期末价值	存货跌价准备
2019/12/30	男士衬衣				5 000.00

原始凭证 45-2-1

银行贷款偿还凭证

币别：人民币　　2019 年 12 月 30 日　　借款合同编号：JR38463492748

借款单位	盛科服装股份有限公司		贷款银行	中国工商银行荆州分行								
付款账号	252-69014925		收款账号	11220055415855255								
开户银行	中国工商银行荆州分行		开户银行	中国工商银行荆州分行								
还款金额	（大写）人民币伍拾万元整			千	百	十	万	千	百	十	元	角	分
					¥	5	0	0	0	0	0	0	0
贷款日期	年　月　日	贷款金额	¥ 500 000.00	贷款余额								

上述借款人归还我行贷款本金已收妥。

贷款银行（盖章）

经办人：　　年　月　日

中国工商银行股份有限公司 荆州分行 2019-12-30 转账 转讫

会计主管　　复核　　记账　　出纳

第一联：借款人还款回执单

原始凭证 45-2-2

银行利息偿还凭证

币别：人民币　　2019 年 12 月 30 日　　借款合同编号：JR38463492748

借款单位	盛科服装股份有限公司		贷款银行	中国工商银行荆州分行									
付款账号	252-69014925		收款账号	11220055415855255									
开户银行	中国工商银行荆州分行		开户银行	中国工商银行荆州分行									
利息金额	人民币（大写）陆仟捌佰柒拾伍元零壹分			千	百	十	万	千	百	十	元	角	分
							¥	6	8	7	5	0	1
备注	起息日期	止息日期	月数	利率（%）	还贷金额	积数							
						十	亿	千	百	十	万	千	百	十	元
					¥6 875.01								

上述借款人支付我行贷款利息已收妥。

贷款银行（盖章）：

经办人：　　年　月　日

中国工商银行股份有限公司 荆州分行 2019-12-30 转账 转讫

会计主管　　复核　　记账　　出纳

第一联：付款人回执单

原始凭证 46-1-1

现金缴款单

存款日期：　　年　　月　　日

存款类别	□活期（现金类）　□整存整取　□通知存款　□协定　□其他													
户名														
账号														
定期请填写	存期：　　月　　支付方式：□凭印鉴　□凭密码													
币种		金额	（大写）	亿	千	百	十	万	千	百	十	元	角	分
款项来源（活期填写）														
备注														

原始凭证 47-1-1

收　据

2019 年 12 月 30 日　　　　№ 3906612

交款单位王晓丽　　收款方式现金

人民币（大写）壹万元整　　（小写）¥10 000.00

收款事由罚款

现金收讫

盛科服装股份有限公司 财务专用章

经办人：　　出纳：刘敏　　审核：　　记账：　　财会主管：　　单位盖章：

原始凭证 48-1-1

预付费用摊销表

2019 年 12 月 31 日　　单位:元

项目部门	财产保险费	报刊费	合　计
裁剪车间	200	80	280
加工车间	300	60	360
质检车间	150	60	210
机修车间	600	50	650
供水车间	500	50	550
行政管理部门	450	200	650
专设销售机构	200	100	300
合计	2 400	600	3 000

原始凭证 49-4-1

电费分配表

2019 年 12 月 31 日

项目部门	耗用量(度)	单价(元/度)	分配金额
裁剪车间	5 000	2.20	11 000.00
加工车间	10 000	2.20	22 000.00
质检车间	5 500	2.20	12 100.00
机修车间	7 500	2.20	16 500.00
供水车间	6 000	2.20	13 200.00
行政管理部门	1 500	2.20	3 300.00
专设销售机构	1 000	2.20	2 200.00
合计	36 500	2.20	80 300.00

原始凭证 49-4-2

荆州银行

转账支票存根

WQV00960226

附加信息

出票日期：2019 年 12 月 31 日

收款人：	荆州市供电局
金　额：	¥90 739.00
用　途：	支付本月电费

单位主管　　会计

原始凭证 49-4-3

湖北省增值税专用发票

4210164620　　　　　　　　　　　　　　　　4210164620
　　　　　　　　　　　　　　　　　　　　　53210989

抵扣联　　№ 53210989

开票日期：2019 年 12 月 31 日

购买方	名称：盛科服装股份有限公司 纳税人识别号：914210011567H412T3 地址、电话：荆州市柳石路 410 号　0716-3979905 开户行及账号：中国工商银行荆州分行　252-69014925				密码区	<458-265>+54511044414O256210S454-+>4521<<541001250-+>400<<558000-<212500180<4151240->++545<>++>4521<<5410012558000-<2	
货物或应税劳务、服务名称	规格型号	单位	数量	单价	金额	税率	税额
电费		度	36500	2.20	80300.00	13%	10439.00
合　计					¥80300.00		¥10439.00
价税合计（大写）	⊗玖万零柒佰叁拾玖元整						（小写）¥90739.00
销售方	名称：荆州市供电公司 纳税人识别号：91421001238871J2P7 地址、电话：荆州市屏山路 102 号　0716-2861889 开户行及账号：中国工商银行屏山路分理处　252-35487718				备注	荆州市供电公司 91421001238871J2P7 发票专用章	

收款人：　　　复核：　　　开票人：张强　　　销售方：（章）

第二联：抵扣联　购买方抵扣凭证

原始凭证 49-4-4

湖北省增值税专用发票

4210164620　　　　　　　　　　　　　　　　4210164620
　　　　　　　　　　　　　　　　　　　　　53210989

发票联　　№ 53210989

开票日期：2019 年 12 月 31 日

购买方	名称：盛科服装股份有限公司 纳税人识别号：914210011567H412T3 地址、电话：荆州市柳石路 410 号　0716-3979905 开户行及账号：中国工商银行荆州分行　252-69014925				密码区	<458-265>+54511044414O256210S454-+>4521<<541001250-+>400<<558000-<212500180<4151240->++545<>++>4521<<5410012558000-<2	
货物或应税劳务、服务名称	规格型号	单位	数量	单价	金额	税率	税额
电费		度	36500	2.20	80300.00	13%	10439.00
合　计					¥80300.00		¥10439.00
价税合计（大写）	⊗玖万零柒佰叁拾玖元整						（小写）¥90739.00
销售方	名称：荆州市供电公司 纳税人识别号：91421001238871J2P7 地址、电话：荆州市屏山路 102 号　0716-2861889 开户行及账号：中国工商银行屏山路分理处　252-35487718				备注	荆州市供电公司 91421001238871J2P7 发票专用章	

收款人：　　　复核：　　　开票人：张强　　　销售方：（章）

第三联：发票联　购买方记账凭证

原始凭证 50-2-1

原材料发料凭证汇总表

2019 年 12 月

领料单位	材料名称	用途	单位	数量	单价	金额
裁剪车间	亚麻面料	男士衬衣领用	米	20 000		
裁剪车间	纯棉面料	女士衬衣领用	米	12 000		
加工车间	化纤面料	产品生产领用	米	10 000		
加工车间	缝纫线	产品生产领用	个	500		
加工车间	拉链	产品生产领用	包	200		
加工车间	纽扣	产品生产领用	包	500		
质检车间	机油	车间耗用	立方米	20		
机修车间	保险片	车间耗用	片	20		
机修车间	机油	车间耗用	立方米	10		
供水车间	机油	车间耗用	立方米	8		
厂部	机油	汽车领用	立方米	6		
厂部	汽油	汽车领用	立方米	20		

原始凭证 50-2-2

周转材料发料凭证汇总表

2019 年 12 月

领料单位	材料名称	用途	单位	数量	单价	金额
裁剪车间	服装剪	产品生产领用	把	500		
裁剪车间	米尺	产品生产领用	个	300		
裁剪车间	熨斗	产品生产领用	个	200		
加工车间	米尺	产品生产领用	个	200		
质检车间	包装袋	产品生产领用	个	20 000		
质检车间	包装箱	产品生产领用	个	2 000		
机修车间	专用维修工具	车间耗用	套	20		

原始凭证 51-1-1

企业计提 12 月份工资

2019 年 12 月 31 日

单位：元

部门	人员类别	基本工资	岗位津贴	奖金	加班费	病假	事假	应发合计	住房公积金 12%	医疗保险 2%+6	失业保险 1%	养老保险 8%	代扣税	实付职工薪酬
基本生产车间	男士衬衣	301 500.00	30 150.00	80 000.00	16 650.00	300.00		428 000.00	51 360.00	9 160.00	4 280.00	34 240.00	0.00	328 960.00
	女士衬衣	440 000.00	40 200.00	100 000.00	15 100.00	500.00	800.00	594 000.00	71 280.00	12 780.00	5 940.00	47 520.00	0.00	456 480.00
	裁剪车间	14 000.00	1 400.00	6 800.00	660.00	200.00	300.00	22 360.00	2 683.20	471.20	223.60	1 788.80	0.00	17 193.20
	加工车间	14 000.00	1 400.00	6 800.00	660.00	100.00	200.00	22 560.00	2 707.20	475.20	225.60	1 804.80	0.00	17 347.20
	质检车间	17 500.00	1 750.00	8 400.00	870.00			28 520.00	3 422.40	595.40	285.20	2 281.60	0.00	21 935.40
辅助车间	机修车间	40 000.00	4 000.00	21 000.00	5 500.00	50.00	300.00	70 150.00	8 418.00	1 463.00	701.50	5 612.00	60.85	53 894.65
	供水车间	45 000.00	4 500.00	35 000.00	6 000.00	200.00	550.00	89 750.00	10 770.00	1 885.00	897.50	7 180.00	90.00	68 927.50
管理部门	管理人员	208 550.00	20 500.00	226 000.00	103 000.00	1 300.00	3 000.00	553 750.00	66 450.00	11 375.00	5 537.50	44 300.00	208 550.00	20 500.00
专设销售机构		60 000.00	6 000.00	100 000.00	12 000.00			178 000.00	21 360.00	3 680.00	1 780.00	14 240.00	1 200.00	135 740.00
合　计		1 140 550.00	109 900.00	584 000.00	160 440.00	2 650.00	5 150.00	1 987 090.00	238 450.80	41 884.80	19 870.90	158 967.20	5 334.77	1 522 581.53

制表人：李涛　　　　复核人：刘海

原始凭证 52-1-1

企业计提社保、公积金、工会经费

2019 年 12 月 31 日

单位:元

部门	人员类别	应付职工薪酬	住房公积金 12%	医疗保险 7. 5%	失业保险 2%	养老保险 20%	生育保险 0.9%	工伤保险 0.5%	“五险”合计	工会经费 2%	职工教育经费 8%	“五险一金”加职工合计
基本生产车间	男士衬衣	428 000.00	51 360.00	32 100.00	8 560.00	85 600.00	3 852.00	2 140.00	132 252.00	8 560.00	34 240.00	226 412.00
	女士衬衣	594 000.00	71 280.00	44 550.00	11 880.00	118 800.00	5 346.00	2 970.00	183 546.00	11 880.00	47 520.00	314 226.00
	裁剪车间	22 360.00	2 683.20	1 677.00	447.20	4 472.00	201.24	111.80	6 909.24	447.20	1 788.80	11 828.44
	加工车间	22 560.00	2 707.20	1 692.00	451.20	4 512.00	203.04	112.80	6 971.04	451.20	1 804.80	11 934.24
	质检车间	28 520.00	3 422.40	2 139.00	570.40	5 704.00	256.68	142.60	8 812.68	570.40	2 281.60	15 087.08
辅助车间	机修车间	70 150.00	8 418.00	5 261.25	1 403.00	14 030.00	631.35	350.75	21 676.35	1 403.00	5 612.00	37 109.35
	供水车间	89 750.00	10 770.00	6 731.25	1 795.00	17 950.00	807.75	448.75	27 732.75	1 795.00	7 180.00	47 477.75
管理部门	管理人员	553 750.00	66 450.00	41 531.25	11 075.00	110 750.00	4 983.75	2 768.75	171 108.75	11 075.00	44 300.00	292 933.75
专设销售机构		178 000.00	21 360.00	13 350.00	3 560.00	35 600.00	1 602.00	890.00	55 002.00	3 560.00	14 240.00	94 162.00
合计		1 987 090.00	238 450.80	149 031.75	39 741.80	397 418.00	17 883.81	9 935.45	614 010.81	39 741.80	158 967.20	1 051 170.61

制表人： 李涛　　　　复核人:刘海

原始凭证 53-1-1

无形资产摊销额计算表

2019 年 12 月　　　　金额单位:元

项目	原值	本期摊销	
		可使用年限(月)	本月摊销金额
合计			

原始凭证 54-1-1

固定资产折旧计算表

2019 年 12 月

使用单位和固定资产类别			原值	固定资产月折旧率	本月应提折旧额
基本生产车间	加工车间	房屋建筑物	4 580 000	0.15%	
		生产设备	800 000	0.75%	
		小计			
	裁剪车间	房屋建筑物	3 000 000	0.15%	
		生产设备	900 000	0.75%	
		小计			
	质检车间	房屋建筑物	2 000 000	0.15%	
		小计			
辅助生产车间	供水车间	房屋建筑物	2 000 000	0.15%	
		小计			
	机修车间	房屋建筑物	1 400 000	0.15%	
		小计			
管理部门		房屋建筑物	500 000	0.15%	
		办公设备	55 000	1.5%	
		小计			
销售部		办公设备	13 000	1.5%	
		运输设备	440 000 (380 000 +60 000)	1.875% (信息化中为 1.88%,调整为 1.875%,调整保留小数位)	
		小计			

原始凭证 55-1-1

坏账准备计提表

2019 年 12 月

应收款项期末余额	计提比例	应计提金额	账面余额	应补提/冲销金额
	5‰			

原始凭证 56-2-1

辅助车间供应劳务数量情况表

2019 年 12 月

部　　门	维修(工时)	供水(立方米)
裁剪车间	1 650	35 000
加工车间	1 850	45 000
质检车间	890	28 000
机修车间		55 000
供水车间	210	—
行政管理部门	—	9 000
专设销售机构	—	6 500
合计	4 600	178 500

原始凭证 56-2-2

辅助生产费用分配表

2019 年 12 月

项目	分配费用	劳务量	分配率	分配金额						
				机修车间	供水车间	裁剪车间	加工车间	质检车间	行政管理部门	专设销售机构
交互分配：										
机修车间										
供水车间										
小　计										
对外分配：										
机修车间										
供水车间										
小　计										

原始凭证 57-3-1

裁剪车间制造费用分配表

2019 年 12 月　　金额单位:元

分配对象	分配标准(机器工时)	分配率	制造费用分配额
男士衬衣	4 500		
女士衬衣	5 500		
合　计	10 000		

原始凭证 57-3-2

机加工车间制造费用分配表

2019 年 12 月　　金额单位:元

分配对象	分配标准(生产工人工时)	分配率	制造费用分配额
男士衬衣	60 000		
女士衬衣	75 000		
合　计	135 000		

原始凭证 57-3-3

质检车间制造费用分配表

2019 年 12 月　　金额单位:元

分配对象	分配标准(机器工时)	分配率	制造费用分配额
男士衬衣	2 500		
女士衬衣	3 500		
合　计	6 000		

原始凭证 58-2-1

完工产品成本计算单

2019 年 12 月

产品名称:男士衬衣　　完工产品数量:　　月末在产品数量:　　金额单位:元

成本项目	直接材料	直接人工	制造费用	合　计
月初在产品(件)				
本月发生生产费用				
生产费用合计				
完工产品数量(件)				
月末在产品约当产量(件)				
约当总产量(件)				
单位产品成本				
完工产品成本				
月末在产品成本				

原始凭证 58-2-2

完工产品成本计算单

2019 年 12 月

产品名称:女士衬衣　　完工产品数量:　　月末在产品数量:　　金额单位:元

成本项目	直接材料	直接人工	制造费用	合　计
月初在产品(件)				
本月发生生产费用				
生产费用合计				
完工产品数量(件)				
月末在产品约当产量(件)				
约当总产量(件)				
单位产品成本				
完工产品成本				
月末在产品成本				

原始凭证 59-3-1

主营业务成本计算单

用途:计算销售成本　　2019 年 12 月　　金额单位:元

产品名称	期初结存			本期完工入库			本期销售出库		
	数量	单位成本	金额	数量	单位成本	金额	数量	单位成本	金额
男士衬衣									
女士衬衣									
合　计									

原始凭证 59-3-2

销售退回成本计算单

用途:计算销售成本　　2019 年 12 月　　金额单位:元

产品名称	本期销售出库			本期退回入库		
	数量	单位成本	金额	数量	单位成本	金额
男士衬衣						
合　计						

原始凭证 59-3-3

其他业务成本计算单

用途:计算销售成本　　2019 年 12 月

产品名称	期初结存			本期采购入库			本期销售出库		
	数量	单位成本	金额	数量	单位成本	金额	数量	单位成本	金额
化纤面料									
合　计									

原始凭证 60-1-1

税金及附加计算表

2019 年 12 月

计税依据		应交税费项目						税金及附加合计
		城市维护建设税		教育费附加		地方教育费附加		
		税率	金额	税率	金额	税率	金额	
增值税								
消费税								
合　计								

原始凭证 61-1-1

内部转账单

2019 年 12 月

项　　目	金额	备　注
主营业务收入		
其他业务收入		
营业外收入		
资产处置损益		
合　计		

原始凭证 62-1-1

内部转账单

2019年12月

项目	金额	备注
主营业务成本		
其他业务成本		
税金及附加		
销售费用		
管理费用		
财务费用		
营业外支出		
资产减值损失		
信用减值损失		
合计		

原始凭证 63-1-1

所得税费用计算表

2019年12月

本月实现利润总额	税率	本月应提所得税额

原始凭证 64-1-1

内部转账单

2019 年 12 月

摘要	金额
所得税费用转入“本年利润”账户	
合 计	

原始凭证 65-1-1

内部转账单

2019 年 12 月

项目	金额
全年实现的净利润转入“利润分配——未分配利润”账户	
合 计	

原始凭证 66-1-1

利润分配计算表(1)

2019 年 12 月

项 目	提取比例	金 额
一、期初未分配的利润		
二、净利润		
三、提取盈余公积		
其中：提取法定盈余公积	10%	
提取任意盈余公积	5%	
四、可供投资者分配的利润		

注：当年提取的盈余公积是在本年实现的净利润的基础上提取的，不包括期初的未分配利润部分。

原始凭证 67-1-1

利润分配计算表(2)

2019 年 12 月

项　　目	分配比例	金　　额
一、可供投资者分配的利润		
二、向投资者分配利润		
其中:宏达股份有限公司		
华益股份有限公司		
三、期末未分配利润		

原始凭证 68-1-1

内部转账单

2019 年 12 月

项　　目	金　　额
提取法定盈余公积	
提取任意盈余公积	
应付现金股利	
利润分配合计	

发生额及余额试算平衡表

年　　月　　日

科目名称	期初借方余额	期初贷方余额	借方发生额	贷方发生额	期末借方余额	期末贷方余额
库存现金						
银行存款						
应收票据						
应收账款						
预付账款						
其他应收款						
坏账准备						
在途物资						
原材料						
库存商品						
周转材料						
存货跌价准备						
固定资产						
累计折旧						
在建工程						
固定资产清理						
无形资产						
累计摊销						
待处理财产损溢						
短期借款						
应付票据						
应付账款						
其他应付款						
预收账款						
应付职工薪酬						
应交税费						
应付利息						
应付股利						
长期借款						
股本						
资本公积						
盈余公积						
本年利润						
利润分配						
生产成本						
制造费用						
主营业务收入						
其他业务收入						
营业外收入						
资产处置损益						
主营业务成本						
其他业务成本						
税金及附加						
销售费用						
管理费用						
财务费用						
资产减值损失						
信用减值损失						
营业外支出						
所得税费用						
合　计						

原始凭证 70-3-1

资产负债表

企会 01 表

编制单位： ____年__月__日 单位：元

资产	期末余额	上年年末余额	负债和所有者权益（或股东权益）	期末余额	上年年末余额
流动资产：			流动负债：		
货币资金			短期借款		
交易性金融资产			交易性金融负债		
衍生金融资产			衍生金融负债		
应收票据			应付票据		
应收账款			应付账款		
应收款项融资			预收款项		
预付款项			合同负债		
其他应收款			应付职工薪酬		
存货			应交税费		
合同资产			其他应付款		
持有待售资产			持有待售负债		
一年内到期的非流动资产			一年内到期的非流动负债		
其他流动资产			其他流动负债		
流动资产合计			流动负债合计		
非流动资产：			非流动负债：		
债权投资			长期借款		
其他债权投资			应付债券		
长期应收款			其中：优先股		
长期股权投资			永续债		
其他权益工具投资			租赁负债		
其他非流动金融资产			长期应付款		
投资性房地产			预计负债		
固定资产			递延收益		
在建工程			递延所得税负债		
生物性生物资产			其他非流动负债		
油气资产			非流动负债合计		
使用权资产			负债合计		
无形资产			所有者权益(或股东权益)：		
开发支出			实收资本（股本）		
商誉			其他权益工具		
长期待摊费用			其中：优先股		
递延所得税资产			永续债		
其他非流动资产			资本公积		
非流动资产合计			减：库存股		
			其他综合收益		
			专项储备		
			盈余公积		
			未分配利润		
			所有者权益（或股东权益）合计		
资产总计			负债和所有者权益（或股东权益）总计		

原始凭证 70-3-2

利 润 表

企会 02 表

编制单位：　　　　　　　　　　　　____年____月　　　　　　　　　　　　单位：元

项　　目	本期金额	上期金额
一、营业收入		
减：营业成本		
税金及附加		
销售费用		
管理费用		
研发费用		
财务费用		
其中：利息费用		
利息收入		
加：其他收益		
投资收益（损失以"－"号填列）		
其中：对联营企业和合营企业的投资收益		
以摊余成本计量的金融资产终止确认收益（损失以"－"号填列）		
净敞口套期收益（损失以"－"号填列）		
公允价值变动收益（损失以"－"号填列）		
信用减值损失（损失以"－"号填列）		
资产减值损失（损失以"－"号填列）		
资产处置收益（损失以"－"号填列）		
二、营业利润（亏损以"－"号填列）		
加：营业外收入		
减：营业外支出		
三、利润总额（亏损总额以"－"号填列）		
减：所得税费用		
四、净利润（净亏损以"－"号填列）		
（一）持续经营净利润（净亏损以"－"号填列）		
（二）终止经营净利润（净亏损以"－"号填列）		
五、其他综合收益的税后净额		
六、综合收益总额		
七、每股收益：		
（一）基本每股收益		
（二）稀释每股收益		

原始凭证 70-3-3

现金流量表

企会 03 表

编制单位：　　　　　　　　　　＿＿年＿＿月　　　　　　　　　　单位：元

项　目	本期金额	上期金额
一、经营活动产生的现金流量：		
销售商品、提供劳务收到的现金		
收到的税费返还		
收到其他与经营活动有关的现金		
经营活动现金流入小计		
购买商品、接受劳务支付的现金		
支付给职工以及为职工支付的现金		
支付的各项税费		
支付其他与经营活动有关的现金		
经营活动现金流出小计		
经营活动产生的现金流量净额		
二、投资活动产生的现金流量：		
收回投资收到的现金		
取得投资收益收到的现金		
处置固定资产、无形资产和其他长期资产收回的现金净额		
处置子公司及其他营业单位收到的现金净额		
收到其他与投资活动有关的现金		
投资活动现金流入小计		
购建固定资产、无形资产和其他长期资产支付的现金		
投资支付的现金		
取得子公司及其他营业单位支付的现金净额		
支付其他与投资活动有关的现金		
投资活动现金流出小计		
投资活动产生的现金流量净额		
三、筹资活动产生的现金流量：		
吸收投资收到的现金		
取得借款收到的现金		
收到其他与筹资活动有关的现金		
筹资活动现金流入小计		
偿还债务支付的现金		
分配股利、利润或偿付利息支付的现金		
支付其他与筹资活动有关的现金		
筹资活动现金流出小计		
筹资活动产生的现金流量净额		
四、汇率变动对现金及现金等价物的影响		
五、现金及现金等价物净增加额		
加：期初现金及现金等价物余额		
六、期末现金及现金等价物余额		

项目四

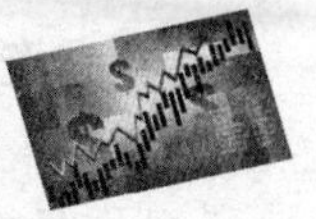

会计信息化实训

知识目标

1. 掌握系统管理模块的功能，熟悉账套建立的操作方法。
2. 掌握基础档案、总账参数、辅助核算科目余额的设置，理解余额试算平衡的原理。
3. 掌握记账凭证的填制、出纳签字、审核、记账和修改的流程及操作规则。
4. 理解固定资产管理系统功能，明确其与总账系统的关系。
5. 掌握固定资产管理系统初始化、日常业务处理、月末处理的操作。
6. 熟悉期末转账的原理和操作流程与方法。
7. 掌握 UFO 报表中资产负债表、利润表和现金流量表的取数公式和编制方法。

能力目标

1. 能够建立账套，进行基础档案的设置。
2. 能够设置总账参数，设置辅助核算科目余额。
3. 能够填制凭证，进行出纳签字、审核、记账与修改记账凭证的操作。
4. 能够对固定资产管理进行系统初始化、日常业务处理和月末处理的操作。
5. 能够进行期末账务处理，编制资产负债表、利润表和现金流量表。

素质目标

1. 培养学生严谨的工作态度。
2. 培养学生自主学习能力。
3. 提升学生沟通技巧和合作能力。

【要求】 请根据项目三中的实训资料及以下补充资料，使用财务软件完成盛科服装股份有限公司 2019 年 12 月的账务处理。

一、创建账套

【补充资料】

1. 操作员资料

操作员资料见表 4-1。

表 4-1　　操作员资料

人员编号	操作员姓名	隶属部门	职务	操作分工
A01	王华	财务部	财务经理	账套主管
W01	李明	财务部	会计主管	审核凭证、查询凭证、总账对账及结账、UFO 报表
W02	学生姓名	财务部	会计员	总账(填制、查询凭证、账表、期末、记账)
W03	刘敏	财务部	出纳员	总账(出纳签字)
W04	高辉	财务部	固定资产岗位主管	固定资产模块

2. 账套信息

账套号为“101(学号后三位)”,账套名称为“盛科服装股份有限公司”,启用会计期间为“2019 年 12 月”,科目编码级次为“4-2-2-2”,其他默认,启用总账模块和固定资产模块。

二、设置基础档案

【补充资料】

1. 部门信息

部门信息见表 4-2。

表 4-2　　部门信息

部门编码	部门名称
1	总经办
2	财务部
3	制造部
301	裁剪车间
302	加工车间
303	质检车间
304	机修车间
305	供水车间
4	采购部
5	销售部
6	仓储部

2. 人员类别信息

人员类别信息见表 4-3。

表 4-3　人员类别信息

一级档案编号	二级档案编号	档案名称
101	01	管理人员
101	02	采购人员
101	03	销售人员

3. 人员构成信息

人员构成信息见表 4-4。

表 4-4　人员构成信息

人员编号	操作员姓名	隶属部门	职务	是否为业务员	是否为操作员
A01	王华	财务部	财务经理	是	是
W01	李明	财务部	会计主管	是	是
W02	学生姓名	财务部	会计员	是	是
W03	刘敏	财务部	出纳员	是	是
W04	高辉	财务部	固定资产岗位主管	是	是
W05	王娜	财务部	科员	是	否
X01	王小华	销售部	销售人员	是	否
G01	孙晓辉	采购部	采购人员	是	否
C01	张明	仓储部	保管员	是	否

4. 客户信息

客户信息见表 4-5。

表 4-5　客户信息

编号	名称	简称	纳税人识别号	地址、电话	开户行及账号
0001	华鑫有限公司	华鑫	91421001265P86ZW34	荆州市东关路 301 号 0716-28612408	中国建设银行荆州东关路分理处　838-88858942
0002	艺龙股份有限公司	艺龙	91421001265P86HM34	荆州市金川路 588 号 0716-2675673	中国建设银行荆州金川路分理处　838-88942885
0003	丽春股份有限公司	丽春	91421001263264T843	荆州市南宁路 49 号 0716-2675665	中国农业银行荆州中山路分理处　669-88384612
0004	美晨服装有限公司	美晨服装	914210012654D95HK7	荆州市学苑路 58 号 0716-7384766	中国银行荆州学苑路分理处　723-88949275
0005	海泉服装商贸公司	海泉服装	91421001265T49HF57	荆州市学苑路 90 号 0716-7383856	中国银行荆州学苑路分理处　723-88283977
0006	丽阳服装商贸公司	丽阳服装	91421001265LX216Z5	荆州市北京西路 399 号 0716-7943811	中国建设银行荆州北京西路分理处　838-39778828

（续表）

编号	名称	简称	纳税人识别号	地址、电话	开户行及账号
0007	丽发有限公司	丽发	91421001651163843T	荆州市学苑路49号 0716-7942846	中国银行荆州学苑路分理处 723-92758894
0008	三和服装商贸公司	三和服装	91421001265L67345	荆州市淮安路109号 0716-2675324	中国银行荆州分行 723-67128896
0009	太平洋保险公司	太平洋保险	391421001232276X21	荆州市和平路51号 0716-22263345	中国工商银行和平路分理处 252-23612654
0010	鑫马有限责任公司	鑫马	914210012658FA634N	荆州市凤凰路58号 0716-7395673	中国建设银行荆州凤凰路分理处 838-88949275

5. 供应商信息

供应商信息见表4-6。

表4-6 供应商信息

编号	名称	简称	纳税人识别号	地址、电话	开户行及账号
0001	荆州市乐家纺织有限公司	乐家纺织	914210013908EH15R6	荆州市北站路100号 0716-2866345	中国工商银行荆州北站路分理处 252-23677178
0002	惠智服装辅料有限公司	惠智服装辅料	914210013907GL82O3	荆州市西环路76号 0716-2908548	中国农业银行荆州西环路分理处 669-57846824
0003	纺龙织品有限公司	纺龙织品	91421001392M86B746	荆州市西环路244号 0716-2963393	中国农业银行荆州西环路分理处 669-57235898
0004	丽人有限责任公司	丽人	914210013936G28CL4	荆州市西环路272号 0716-2937452	中国农业银行荆州西环路分理处 669-5782943
0005	昌达织品有限责任公司	昌达	914210013936NB32G32	荆州市和平路98号 0716-7931433	中国农业银行荆州分行 669-3437483
0006	雅美有限责任公司	雅美	91421001613DS93N48	荆州市西环路366号 0716-7933384	中国农业银行荆州西环路分理处 669-57894374
0007	华龙有限公司	华龙	9142100139035MYU26	荆州市莲花路320号 0716-2860588	中国工商银行荆州莲花路分理处 252-23646828
0008	荆州市日报社	荆州日报	914210014367K88D79	荆州市北站路10号 0716-2866345	中国工商银行北站路分理处 252-23677178
0009	太平洋保险公司	太平洋保险	391421001232276X21	荆州市和平路51号 0716-22263345	中国工商银行和平路分理处 252-23612654
0010	安和股份有限公司	安和股份	91421001936L34ET64	荆州市人民路48号 0716-7827433	中国农业银行荆州人民路分理处 669-3957943
0011	华阳有限责任公司	华阳	9142100126579S4F82	荆州市永川路322号 0716-2675833	中国建设银行荆州永川路分理处 838-88966588
0012	清和运力有限公司	清和运力	9142100193R63KL419	荆州市北环路48号 0716-7931433	中国农业银行荆州北环路分理处 669-3402983
0013	鸿达机械设备公司	鸿达机械	9142100293S26AF478	荆州市十号路255号 0716-6813433	中国银行荆州沙市分理处 723-2087486

（续表）

编号	名称	简称	纳税人识别号	地址、电话	开户行及账号
0014	精品服装制造有限公司	精品服装	91421001934T8YU261	荆州市西环路278号 0716-7938433	中国农业银行荆州西环路分理处 669-57837494
0015	航天信息有限公司	航天信息	9142100137KD443L98	荆州市柳石路298号 0716-3979888	中国工商银行荆州分行 252-69394728
0016	荆州市有线电视股份有限公司	有线电视	914210019105Z8DX71	荆州市北站路100号 0716-2866345	中国工商银行荆州北站路分理处 336-23677178
0017	瑞华会计师事务所	瑞华	914210018719KZ95S6	荆州市北站路100号 0716-2863826	中国工商银行北站路分理处 252-23625278
0018	荆州市供电公司	供电公司	91421001238871J2P7	荆州市屏山路102号 0716-2861889	中国工商银行屏山路分理处 252-35487718
0019	武汉市春桃饭店	春桃饭店	914210016910124H5D	武汉市汉街120号 027-2866345	中国工商银行武昌分理处 336-23677178

6. 存货分类信息

存货信息分类见表4-7。

表4-7 存货分类信息

分类编码	分类名称
01	原材料
02	周转材料
03	产成品

7. 存货计量单位信息

存货计量单位信息见表4-8。

表4-8 存货计量单位信息

计量单位编码	计量单位
01	米
02	包
03	个
04	立方米
05	件
06	把
07	套
08	片

注：计量单位组为0-自然单位，无换算率。

8. 存货档案信息

存货档案信息见表 4-9。

表 4-9　存货档案信息

分类编号	所属类别	存货编码	存货名称	计量单位	税率	存货属性
01	原材料	0101	亚麻面料	米	13%	外购
		0102	纯棉面料	米	13%	外购
		0103	化纤面料	米	13%	外购
		0104	拉链	包	13%	外购
		0105	纽扣	包	13%	外购
		0106	缝纫线	个	13%	外购
		0107	机油	立方米	13%	外购
		0108	保险片	片	13%	外购
02	周转材料	0201	服装剪	把	13%	外购
		0202	米尺	个	13%	外购
		0203	熨斗	个	13%	外购
		0204	专用维修工具	套	13%	外购
		0205	包装袋	个	13%	外购
		0206	包装箱	个	13%	外购
03	产成品	0301	男士衬衣	件	13%	外销
		0302	女士衬衣	件	13%	外销

9. 项目设置

项目设置见表 4-10。

表 4-10　项 目 设 置

项目设置步骤	项目设置内容
项目大类	生产成本
核算科目	直接材料 50010101 直接人工 50010102 制造费用 50010103
项目分类	1.衬衣
项目目录	101 男士衬衫 102 女士衬衫

10. 会计科目设置

会计科目设置参见表 4-11 中的总账科目和子目，指定“库存现金”科目和“银行存款”科目。后续业务处理过程根据要求添加相应科目。

11. 凭证类别信息

凭证分类方式设置为记账凭证。

三、总账管理系统初始设置

【补充资料】

1. 设置小数位和出纳凭证要求

设置数量小数位和单价小数位为2位，设置出纳凭证必须由出纳签字。

2. 各账户期初余额信息

盛科服装股份有限公司2019年12月初各账户中的期初余额信息见表4-11。

表4-11　　各账户期初余额

2019年11月30日

科目编号	总账科目	子　目	借方余额	贷方余额	辅助核算
1001	库存现金		10 000.00		指定科目
1002	银行存款		3 159 673.78		指定科目
100201		工商银行荆州分行	3 159 673.78		
1121	应收票据		495 806.44		手工账增设子目；信息化设置辅助账：客户往来
1121		海泉服装商贸公司	400 000.00		
1121		美晨服饰有限公司	95 806.44		
1122	应收账款		510 000.00		手工账增设子目；信息化设置辅助账：客户往来
1122		艺龙股份有限公司	350 000.00		
1122		美晨服饰有限公司	157 000.00		
1122		华鑫有限公司	3 000.00		
1231	坏账准备			2 550.00	
1123	预付账款		3 000.00		手工账增设子目；信息化设置辅助账：供应商往来
1123		荆州日报社	600.00		
1123		太平洋保险公司	2 400.00		
1221	其他应收款		5 000.00		
122101		单位	5 000.00		手工账增设子目；信息化设置辅助账：单位设置供应商往来、个人设置个人往来
		太平洋保险公司	5 000.00		
122102		个人	0		
		王娜	0		
		张明	0		
1402	在途物资				
140201		化纤面料（米）			数量核算
1403	原材料		968 250.00		
140301		亚麻面料 （数量13 000米）	372 000.00		数量核算
140302		纯棉面料 （数量7 500米）	297 000.00		

（续表）

科目编号	总账科目	子　　目	借方余额	贷方余额	辅助核算
140303		化纤面料（数量 13 000 米）	260 000.00		数量核算
140304		拉链（数量 250 包）	25 000.00		
140305		纽扣（数量 50 包）	2 500.00		
140306		缝纫线（数量 550 个）	5 500.00		
140307		机油（50 立方米）	1 250.00		
140308		汽油（600 立方米）	3 000.00		
140309		保险片（100 片）	2 000.00		
1405	库存商品		412 400.00		
140501		男士衬衣（数量 2 024 件）	202 400.00		数量核算
140502		女士衬衣（数量 1 400 件）	210 000.00		
1411	周转材料		142 850.00		
141101		服装剪（数量 1 000 把）	18 100.00		数量核算
141102		米尺（1 000 个）	10 000.00		
141103		熨斗（900 个）	41 000.00		
141104		专用维修工具（100 套）	12 000.00		
141105		包装袋（20 000 个）	21 750.00		
141106		包装箱（2 000 个）	40 000.00		
1471	存货跌价准备		0		
1601	固定资产		15 688 000.00		
160101		房屋建筑物	13 480 000.00		
160102		生产设备	1 700 000.00		
160103		办公设备	68 000.00		
160104		运输设备	440 000.00		
1602	累计折旧			4 494 210.00	
160201		房屋建筑物		3 369 990.00	
160202		生产设备		930 750.00	
160203		办公设备		36 720.00	
160204		运输设备		156 750.00	

（续表）

科目编号	总账科目	子　　目	借方余额	贷方余额	辅助核算
1604	在建工程		800 000.00		
160401		生产线	800 000.00		
160402		自动裁床	0		
1606	固定资产清理			0	
1701	无形资产		170 000.00		
170101		专利权	50 000.00		
170102		商标权	120 000.00		
1702	累计摊销			16 000.00	
170201		专利权摊销		5 000.00	
170202		商标权摊销		11 000.00	
1901	待处理财产损溢			0	
2001	短期借款			500 000.00	
200101		工商银行荆州分行		500 000.00	
2201	应付票据			86 759.23	手工账增设子目;信息化设置辅助账:供应商往来
2201		华龙有限公司		50 000.00	
2201		丽人有限公司		36 759.23	
2202	应付账款			455 159.41	手工账增设子目;信息化设置辅助账:供应商往来
2202		荆州市乐家纺织有限公司		405 000.00	
2202		惠智服装辅料商行		23 561.78	
2202		纺龙织品有限公司		26 597.63	
2203	预收账款			0	手工账增设子目;信息化设置辅助账:客户往来
2211	应付职工薪酬			2 839 551.61	
221101		工资		1 987 090.00	
221102		社会保险费		614 010.81	
221103		住房公积金		238 450.80	
221104		工会经费		0	
221105		职工教育经费		0	
2221	应交税费			822 000.00	
222101		应交增值税		0	

（续表）

科目编号	总账科目	子　目	借方余额	贷方余额	辅助核算
22210101		进项税额		0	
22210103		销项税额		0	
22210104		进项税额转出		0	
222102		未交增值税		600 000.00	
222103		应交城市维护建设税		42 000.00	
222104		应交教育费附加		18 000.00	
222105		应交地方教育费附加		12 000.00	
222106		应交企业所得税		150 000.00	
222107		应交个人所得税			
2231	应付利息			4 583.34	
223101		借款利息		4 583.34	
2232	应付股利			0	
223201		华益股份有限公司		0	
223202		宏达股份有限公司		0	
2241	其他应付款			0	
224101		职工承担的社保		0	
224102		职工承担的公积金		0	
2501	长期借款			0	
4001	股本			5 000 000.00	
400101		华益股份有限公司		1 000 000.00	
400102		宏达股份有限公司		4 000 000.00	
4002	资本公积			1 657 910.00	
400201		资本溢价		1 657 910.00	
4101	盈余公积			1 100 000.00	
410101		法定盈余公积		1 100 000.00	
410102		任意盈余公积		0	
4103	本年利润			3 750 000.00	
4104	利润分配			2 421 165.16	
410401		提取法定盈余公积		0	
410402		提任意盈余公积		0	
410403		应付现金股利		0	
410408		未分配利润		2 421 165.16	

（续表）

科目编号	总账科目	子　　目	借方余额	贷方余额	辅助核算
5001	生产成本		784 908.53		
500101		基本生产成本	784 908.53		
50010101		直接材料	223 845.17		项目核算
		男士衬衣	160 873.29		
		女士衬衣	62 971.88		
50010102		直接人工	95 951.53		项目核算
		男士衬衣	13 116.41		
		女士衬衣	82 835.12		
50010103		制造费用	465 111.83		项目核算
		男士衬衣	41 680.03		
		女士衬衣	423 431.80		
500102		辅助生产成本			
50010201		机修车间			
50010202		供水车间			
5101	制造费用				
510101		裁剪车间			
510102		加工车间			
510103		质检车间			
6001	主营业务收入				
600101		男士衬衣			
600102		女士衬衣			
6051	其他业务收入				
605101		材料销售收入			
605102		固定资产出租收入			
605103		无形资产出租收入			
6301	营业外收入				
630101		非流动资产处置利得			
630102		罚没利得			
630103		违约金收入			
6401	主营业务成本				
640101		男士衬衣			
640102		女士衬衣			

（续表）

科目编号	总账科目	子　目	借方余额	贷方余额	辅助核算
6402	其他业务成本				
640201		销售材料成本			
640202		摊销费			
6403	税金及附加				
6601	销售费用				
660101		工资			
660102		职工福利			
660103		社会保险			
660104		住房公积金			
660105		工会经费			
660106		水电费			
660107		物料消耗			
660108		广告费			
660109		运杂费			
660110		折旧费			
660111		摊销费			
660112		教育经费			
660113		其他			
6602	管理费用				
660201		工资			
660202		职工福利			
660203		社会保险			
660204		住房公积金			
660205		工会经费			
660206		物料消耗			
660207		折旧费			
660208		修理费			
660209		办公费			
660210		差旅费			
660211		摊销费			
660212		教育经费			
660213		其他			

（续表）

科目编号	总账科目	子　目	借方余额	贷方余额	辅助核算
6603	财务费用				
660301		利息收入			
660303		现金折扣			
660304		利息支出			
660305		其他			
6701	资产减值损失				
6702	信用减值损失				
6711	营业外支出				
671101		捐赠支出			
671102		非常损失			
6801	所得税费用				
6115	资产处置损益				

注意：客户往来、供应商往来受控系统为空。

3. 辅助账期初余额信息

辅助账期初余额信息见表 4-12 至表 4-17。

表 4-12　应收票据期初余额表

日期	凭证号	客户	摘要	方向	余额
2019-11-05	记 2	海泉服装商贸公司	销售男士衬衣	借	400 000.00
2019-11-19	记 21	美晨服装有限公司	销售女士衬衣	借	95 806.44

表 4-13　应收账款期初余额表

日期	凭证号	客户	摘要	方向	余额
2019-11-06	记 4	艺龙股份有限公司	销售男士衬衣	借	350 000.00
2019-11-05	记 3	美晨服装有限公司	销售男士衬衣	借	157 000.00
2019-12-17	记 5	华鑫有限公司	销售女士衬衣	借	3 000.00

表 4-14　其他应收款期初余额表

日期	凭证号	客户	摘要	方向	余额
2019-11-19	记 22	太平洋保险公司	赔偿款	借	5 000.00

表 4-15 预付账款期初余额表

日期	凭证号	客户	摘要	方向	余额
2019-11-10	记 11	荆州日报社	预付报刊费	借	600.00
2019-11-07	记 8	太平洋保险公司	预付保险费	借	2 400.00

表 4-16 应付票据期初余额表

日期	凭证号	客户	摘要	方向	余额
2019-11-12	记 12	华龙有限公司	采购包装箱	贷	50 000.00
2019-11-04	记 1	丽人有限公司	采购化纤面料	贷	36 759.23

表 4-17 应付账款期初余额表

日期	凭证号	客户	摘要	方向	余额
2019-11-12	记 13	荆州市乐家纺织有限公司	采购亚麻面料	贷	405 000.00
2019-11-06	记 7	惠智服装辅料商行	采购纽扣	贷	23 561.78
2019-11-20	记 26	纺龙织品有限公司	采购面料	贷	26 597.63

四、固定资产模块的期初设置及与总账对账

【补充资料】

1. 固定资产类别信息

固定资产类别信息见表 4-18。

表 4-18 固定资产类别信息

代码	类别	常用折旧方法	净残值率	使用年限(年)
01	房屋建筑物	平均年限法(一)	10%	50
02	生产设备	平均年限法(一)	10%	10
03	办公设备	平均年限法(一)	10%	5
04	运输设备	平均年限法(一)	10%	4

2. 部门及对应折旧科目

部门及对应折旧科目见表 4-19。

表 4-19 部门及对应折旧科目

部门编码	部门名称	折旧科目
1	总经办	660207
2	财务部	660207
301	裁剪车间	510101
302	加工车间	510102

（续表）

部门编码	部门名称	折旧科目
303	质检车间	510103
304	机修车间	50010201
305	供水车间	50010202
4	采购部	660207
5	销售部	660110
6	仓储部	660207

3. 固定资产卡片的期初数据

【小提示】

在 U8 系统中，每一项固定资产对应一张固定资产卡片，可使用固定资产卡片复制功能复制相同的固定资产。

固定资产卡片的期初数据见表 4-20 至表 4-32。

表 4-20　　卡片 1

名　称	加工车间厂房	原值与折旧	
资产类别	房屋建筑物	币别	人民币
资产编码	010001	原币金额	4 580 000
使用部门	加工车间	开始使用日期	2005-12-06
计量单位	幢	预计使用期间	600
数　量	1	已使用期间数	167
入账日期	2005-12-06	累计折旧	1 147 290
使用状况	在用	预计净残值	458 000
变动方式	投资者投入	折旧方法	平均年限法(一)

表 4-21　　卡片 2

名　称	裁剪车间厂房	原值与折旧	
资产类别	房屋建筑物	币别	人民币
资产编码	010002	原币金额	3 000 000
使用部门	裁剪车间	开始使用日期	2005-12-06
计量单位	幢	预计使用期间	600
数　量	1	已使用期间数	167
入账日期	2005-12-06	累计折旧	751 500
使用状况	在用	预计净残值	300 000
变动方式	投资者投入	折旧方法	平均年限法(一)

表 4-22 卡片 3

名　　称	质检车间厂房	原值与折旧	
资产类别	房屋建筑物	币别	人民币
资产编码	010003	原币金额	2 000 000
使用部门	质检车间	开始使用日期	2005-12-06
计量单位	幢	预计使用期间	600
数　　量	1	已使用期间数	167
入账日期	2005-12-06	累计折旧	501 000
使用状况	在用	预计净残值	200 000
变动方式	投资者投入	折旧方法	平均年限法(一)

表 4-23 卡片 4

名　　称	供水车间厂房	原值与折旧	
资产类别	房屋建筑物	币别	人民币
资产编码	010004	原币金额	2 000 000
使用部门	供水车间	开始使用日期	2005-12-06
计量单位	幢	预计使用期间	600
数　　量	1	已使用期间数	167
入账日期	2005-12-06	累计折旧	501 000
使用状况	在用	预计净残值	200 000
变动方式	在建工程转入	折旧方法	平均年限法(一)

表 4-24 卡片 5

名　　称	机修车间厂房	原值与折旧	
资产类别	房屋建筑物	币别	人民币
资产编码	010005	原币金额	1 400 000
使用部门	机修车间	开始使用日期	2005-12-06
计量单位	幢	预计使用期间	600
数　　量	1	已使用期间数	167
入账日期	2005-12-06	累计折旧	350 700
使用状况	在用	预计净残值	140 000
变动方式	在建工程转入	折旧方法	平均年限法(一)

表 4-25　　卡片 6

名　　称	仓库	原值与折旧	
资产类别	房屋建筑物	币别	人民币
资产编码	010006	原币金额	500 000
使用部门	仓储部	开始使用日期	2006-09-06
计量单位	幢	预计使用期间	600
数　　量	1	已使用期间数	158
入账日期	2006-09-06	累计折旧	118 500
使用状况	在用	预计净残值	50 000
变动方式	在建工程转入	折旧方法	平均年限法(一)

表 4-26　　卡片 7～36

名　　称	缝纫机	原值与折旧	
资产类别	生产设备	币别	人民币
资产编码	020001-020030	原币金额	30 000
使用部门	裁剪车间	开始使用日期	2013-10-16
计量单位	台	预计使用期间	120
数　　量	30	已使用期间数	73
入账日期	2013-10-16	累计折旧	16 425
使用状况	在用	预计净残值	3 000
变动方式	直接购入	折旧方法	平均年限法(一)

表 4-27　　卡片 37～56

名　　称	印花机	原值与折旧	
资产类别	生产设备	币别	人民币
资产编码	020031-020050	原币金额	40 000
使用部门	加工车间	开始使用日期	2013-10-16
计量单位	台	预计使用期间	120
数　　量	20	已使用期间数	73
入账日期	2013-10-16	累计折旧	21 900
使用状况	在用	预计净残值	4 000
变动方式	直接购入	折旧方法	平均年限法(一)

表 4-28　　卡片 57～61

名　　称	联想电脑	原值与折旧	
资产类别	办公设备	币别	人民币
资产编码	030001-030005	原币金额	5 000
使用部门	财务部	开始使用日期	2016-11-06
计量单位	台	预计使用期间	60
数　　量	5	已使用期间数	36
入账日期	2016-11-06	累计折旧	2 700
使用状况	在用	预计净残值	500
变动方式	直接购入	折旧方法	平均年限法(一)

表 4-29　　卡片 62～65

名　　称	联想电脑	原值与折旧	
资产类别	办公设备	币别	人民币
资产编码	030006-030009	原币金额	3 250
使用部门	销售部	开始使用日期	2016-11-06
计量单位	台	预计使用期间	60
数　　量	4	已使用期间数	36
入账日期	2016-11-06	累计折旧	1 755
使用状况	在用	预计净残值	325
变动方式	直接购入	折旧方法	平均年限法(一)

表 4-30　　卡片 66～71

名　　称	打印机	原值与折旧	
资产类别	办公设备	币别	人民币
资产编码	030010-030015	原币金额	5 000
使用部门	总经办	开始使用日期	2016-11-06
计量单位	台	预计使用期间	60
数　　量	6	已使用期间数	36
入账日期	2016-11-06	累计折旧	2 700
使用状况	在用	预计净残值	500
变动方式	直接购入	折旧方法	平均年限法(一)

表 4-31　　卡片 72

名　　称	运输车	原值与折旧	
资产类别	运输设备	币别	人民币
资产编码	040001	原币金额	380 000
使用部门	销售部	开始使用日期	2018-04-06
计量单位	辆	预计使用期间	48
数　　量	1	已使用期间数	19
入账日期	2018-04-06	累计折旧	135 375
使用状况	在用	预计净残值	38 000
变动方式	直接购入	折旧方法	平均年限法(一)

表 4-32　　卡片 73

名　　称	运输车	原值与折旧	
资产类别	运输设备	币别	人民币
资产编码	040002	原币金额	60 000
使用部门	销售部	开始使用日期	2018-04-06
计量单位	辆	预计使用期间	48
数　　量	1	已使用期间数	19
入账日期	2018-04-06	累计折旧	21 375
使用状况	在用	预计净残值	6 000
变动方式	直接购入	折旧方法	平均年限法(一)

4. 固定资产期初数据与总账对账

固定资产期初数据与总账对账时，数据要核对相符。

五、账务处理

【补充资料】

1. 本月新增固定资产

本月新增固定资产见表 4-33 和表 4-34。

表 4-33　　卡片 74～83

名　　称	缝纫机	原值与折旧	
资产类别	生产设备	币别	人民币
资产编码	020051-020060	原币金额	10 000
使用部门	裁剪车间	开始使用日期	2019-12-01
计量单位	台	预计使用期间	120

（续表）

名　　称	缝纫机	原值与折旧	
数　　量	10	已使用期间数	0
入账日期	2019-12-01	累计折旧	0
使用状况	在用	预计净残值	1 000
变动方式	投资者投入	折旧方法	平均年限法(一)
增值税额		1 300	

表 4-34　　　　**卡片 84**

名　　称	自动裁床	原值与折旧	
资产类别	生产设备	币别	人民币
资产编码	020061	原币金额	301 000
使用部门	裁剪车间	开始使用日期	2019-12-12
计量单位	台	预计使用期间	120
数　　量	1	已使用期间数	0
入账日期	2019-12-12	累计折旧	0
使用状况	在用	预计净残值	30 100
变动方式	直接购入	折旧方法	平均年限法(一)

2. 本月减少固定资产

本月减少固定资产见表 4-35。

表 4-35　　　　**卡片 73**

名　　称	运输车	原值与折旧	
资产类别	运输设备	币别	人民币
资产编码	040002	原币金额	60 000
使用部门	销售部	开始使用日期	2018-04-06
计量单位	辆	预计使用期间	48
数　　量	1	已使用期间数	20
入账日期	2018-04-06	累计折旧	22 500
使用状况	停用	预计净残值	6 000
变动方式	出售	折旧方法	平均年限法(一)
清理原因	载量小		

六、期末业务处理

(1) 自定义转账设置。设置计提应交增值税和税金及附加的自定义转账公式并生产凭证。

【小提示】

做自定义转账设置前需要对之前的凭证进行审核记账。

(2) 期间损益结转。
(3) 固定资产模块结账。
(4) 总账系统对账与结账。
(5) 生成报表。生成资产负债表和利润表。

教学课件索取单

敬爱的老师：

感谢您使用我们出版社的教材。为了方便教学，教材配有相关教学课件。如果您需要，请您填写下面表格中的相关信息，并以电子邮件的形式发到我社，我们在核对您的信息后，即免费向您提供教学课件。

我们的联系方式：
地　　址：上海市中山西路 2230 号 1 号楼 1507 室　　邮　编：200235
　　　　　立信会计出版社　　电　话：(021) 64411223(O)
电子邮件：victoria_tysx@126.com　　联系人：余榕

教材名称				作者姓名	
教师姓名		性　别		身份证号	
学　　校		院系		教 研 室	
学校地址				邮　　编	
职　　务		职称		办公电话	
E-mail		手机		宅　　电	
通信地址				邮　　编	
所选教材		教材用量		册	
委托订购单位					

您对本教材的意见和建议是：